교사용 지도서

초등학교 라이프스킬로 배우는
건강 톡톡

talk talk

이규영 저

중앙대학교 출판부

초등학교 라이프스킬로 배우는 건강 톡톡 (교사용 지도서)

2020년 3월 2일 초판 발행

저 자 이규영
발 행 중앙대학교 출판부
　　　　 서울시 동작구 흑석로 84
전 화 (02)820-6137　　**팩 스** (02)822-5495
제 작 이환기획 (02)764-1116
등 록 제14-1호(등록일: 1977.8.31.)

ⓒ2020, 이규영
ISBN 978-89-7207-928-6(63370)

이 책은 저작권법에 의하여 보호를 받는 저작물이므로 무단 전재와 복제를 금합니다.

한국라이프스킬 교육센터 http://lifeskill.co.kr (02-820-5982)
- 이 프로그램은 2017년도 정부(미래창조과학부)의 재원으로 한국연구재단의 지원을 받아 수행된 연구임
  (No. NRF-2017R1A2A2A05001108)

목차

1. 프로그램 개발 개요

Ⅰ. 라이프스킬로 배우는 건강 톡톡(talk talk) 프로그램 개발 배경
　　1. 본 프로그램의 목적　　　　　　　　　　　　　　　　　　　　　　*009*
　　2. 본 프로그램의 주요 관점　　　　　　　　　　　　　　　　　　　*010*
　　3. 본 프로그램의 이론적 기틀　　　　　　　　　　　　　　　　　　*014*

Ⅱ. 라이프스킬로 배우는 건강 톡톡(talk talk) 프로그램 개발 과정
　　1. 본 프로그램 개발 과정　　　　　　　　　　　　　　　　　　　　*016*
　　2. 본 프로그램의 장점　　　　　　　　　　　　　　　　　　　　　　*017*

Ⅲ. 라이프스킬로 배우는 건강 톡톡(talk talk) 프로그램 사용 안내
　　1. 본 프로그램 적용 전 안내　　　　　　　　　　　　　　　　　　　*019*
　　2. 본 프로그램 운영 시 고려사항　　　　　　　　　　　　　　　　　*019*
　　3. 본 프로그램의 구성 및 학습내용　　　　　　　　　　　　　　　　*019*

표 목차

〈표 1〉 주요 라이프스킬 개념 ... 013

〈표 2〉 초등학교 고학년 대상 라이프스킬로 배우는 건강 톡톡(talk talk)
프로그램 내용 및 학습목표(총 16차시) ... 020

그림 목차

[그림 1] 본 프로그램 개발의 주요 관점에 관한 기본 틀 ... 014

[그림 2] 본 프로그램의 주요 개발 과정 ... 016

[그림 3] 초등 보건교사 대상 라이프스킬 기반 보건교재의
교육내용 요구도 조사 결과 ... 017

2. 교수·학습 과정안

1단원: 건강한 몸과 마음
    1. 건강한 나의 몸   *027*
    2. 자아존중감 향상   *037*
    3. 스트레스(불안·분노) 대처   *048*

2단원: 건강위험행동 바로 알기
    4. 약물 오·남용 예방   *062*
    5. 흡연 예방   *075*
    6. 간접흡연 예방   *087*
    7. 음주 예방   *097*

3단원: 디지털 미디어 시대 대처하기
    8. 미디어 리터러시: 광고 재해석   *110*
    9. 미디어와 폭력   *118*
    10. 디지털 중독 예방   *130*

4단원: 대인관계 잘하기
    11. 의사결정 잘하기   *144*
    12. 의사소통 잘하기   *155*
    13. 유혹 거절하기   *165*

5단원: 더 건강한 삶 살기
    14. 건강한 체중관리   *180*
    15. 질병 예방   *195*
    16. 심폐소생술(CPR)   *209*

참고문헌

초등학교 라이프스킬로 배우는 건강 톡톡

1. 프로그램 개발 개요

Ⅰ. 라이프스킬로 배우는 건강 톡톡(talk talk) 프로그램 개발 배경

Ⅱ. 라이프스킬로 배우는 건강 톡톡(talk talk) 프로그램 개발 과정

Ⅲ. 라이프스킬로 배우는 건강 톡톡(talk talk) 프로그램 사용 안내

Ⅰ. 라이프스킬로 배우는 건강 톡톡(talk talk) 프로그램 개발 배경

1. 본 프로그램의 목적

　이 프로그램은 청소년들의 자아존중감과 자기건강관리 능력을 높이기 위하여 라이프스킬 개념을 도입하여 개발된 건강교육 프로그램입니다. 이 프로그램을 통하여 보건교육 담당교사들의 교육 역량을 함양시켜 보건교육의 실효성을 높일 수 있도록 돕고, 청소년들에게는 건강관련 지식과 생활 속에서 건강을 증진시킬 수 있는 기회를 제공하여 청소년의 삶을 보호하고 건강한 성장을 할 수 있도록 지원하고자 합니다.
　건강위험행동은 흡연, 음주, 약물사용, 성행위, 건강하지 못한 식사행위와 신체적 비활동 등을 말합니다(CDC, 2019). 청소년의 건강위험행위는 청소년과 성인의 질병과 사망의 주요 원인으로 보통 청소년기에 시작된 건강위험행동은 성인기까지 행위가 지속되기 쉽고 이는 사회적 문제를 야기할 수 있습니다(DuRant et al., 1999).
　이 프로그램은 청소년들에게 단순히 건강에 대한 지식을 제공하는 것만으로는 친구나 미디어 등의 환경요인의 영향에 적절하게 대처할 수 없다는 생각을 바탕으로 개발되었습니다. 사춘기에 접어드는 청소년들은 몸과 마음의 변화에 민감해 지고, 말이나 행동을 하는데 있어 또래집단의 영향을 많이 받습니다. 이러한 사춘기 청소년의 특성이 흡연이나 음주와 같은 건강위험행동에 어떠한 영향을 주는지 이해하는 것은 사춘기를 건강하게 보내는데 도움이 됩니다. 청소년들이 학교에서 배운 건강 지식을 실제로 건강한 행동으로 이어지도록 하기 위해서는 친구나 미디어의 영향에 대처하기 위한 스킬(자기주장적 의사소통스킬이나 미디어리터러시), 성장하는 몸과 마음에 대한 자기인식, 가족관계나 친구관계의 변화에 따른 스트레스에 적절하게 대처하기 위한 스킬(스트레스대처스킬), 혹은 건강과 관련한 여러 가지 문제 상황에 있어 적절한 해결방법을 찾기 위한 스킬(의사결정스킬), 자신의 인생의 목표를 명확히 하고 그러한 목표실현을 방해하는 건강위험요인을 확인하고 피하는 스킬(목표설정스킬) 등의 심리사회적 능력을 기르는 라이프스킬 교육을 하는 것이 전적으로 필요합니다.
　본 라이프스킬 형성을 기초로 하는 건강 프로그램을 통해 청소년들의 자기건강관리 역량과 자아존중감이 높아져 청소년의 신체적, 정신적, 사회적 건강이 증진되고, 삶의 질(QOL: Quality Of Life)이 향상되기를 바랍니다.

2. 본 프로그램의 주요 관점

1 라이프스킬(Life Skills)의 이해

라이프스킬 교육은 사춘기의 몸과 마음의 변화에 대한 자기 인식(자아존중감), 가족이나 친구 관계의 변화에 따른 스트레스에 적절히 대처하는 스킬(스트레스대처스킬) 및 건강에 관한 문제를 포함한 다양한 문제 상황에 있어 적절한 해결책을 찾아내는 스킬(의사결정스킬, 비판적 사고), 자신의 인생에 있어 목표를 명확히 하고 그 목표 실현을 방해하는 요인을 피하기 위한 스킬(목표설정스킬) 등을 학습하여 지식, 태도, 기술의 변화는 물론 생활기술로의 긍정적인 변화를 유도합니다.

1) 라이프스킬의 정의

WHO(세계보건기구)의 정의를 보면 '라이프스킬은 일상생활에서 생기는 여러 가지 문제나 요구에 대해서 건설적이고 효과적으로 대처하기 위해 필요한 심리사회적능력이다'라고 정의하고 있습니다. 즉, 라이프스킬은 사람이 세상을 요령 있게 살아가기 위한 잔재주가 아니라 '개개인의 인간이 자신답게 보다 나은 삶을 살기 위한 기반이 되는 능력'을 말합니다. 스킬이라는 용어가 사용된 이유는 누구나가 학습하고 경험하고 연습함으로써 습득 가능한 능력이라는 점을 명확하게 하기 위해서 입니다. 혹시 습득하는 것이 불가능하다면 그것은 인간 발달에 있어 중요하다고 하더라도 교육이 개입할 수 없을 것입니다.

> ▶ **라이프스킬의 본질**
> ① 누구나 습득 가능한 능력
> ② 폭넓은 문제에 적용가능한 일반적이면서 기초적인 능력
> ③ 사람의 심리사회적 능력

예를 들어 분노 등의 감정을 조절하는 능력은 원만한 인간관계를 유지하는데 매우 중요한 능력이며 인생의 성공에 있어서도 필수불가결한 능력 중의 하나입니다. 연구결과에 의하면 화를 잘 내는 기질에는 유전적인 요소가 관여하고 있다고 합니다. 그러나 이러한 분노를 어떻게 표현하느냐는 학습이나 경험에 의하여 습득된다고 합니다. 즉, 화를 잘 내는 유전적 기질을 바꾸는 것은 어렵지만 분노를 표현하는 능력은 누구나 학습에 의해 습득할 수가 있습니다. 다음으로 강조할 부분은 라이프스킬은 '폭넓은 문제에 적용가능한 일반적, 기초적 능력'이라는 점입니다. 스킬은 크게 특정한 문제의 해결에 도움이 되는 구체적 스킬과 여러 가지 문제에 공통으로 유용한 일반적, 기초적 스킬로 나눌 수 있는데 라이프스킬은 후자에 속합니다. 예를 들어, 요리스킬, 운동스킬, 응급처치스킬 등과 같은 특정 문제에 유용한 스킬은 우리들이 살아가는데 있어 중요한 것이기는 하나 특별한 상황에서 요구되는 기술이므로 일상생활에 응용가능성은 그리 높지 않습니다. 이에 비해 라이프스킬은 생활의 다양한 장면에서 활용할 수 있는 유용한 기술이라고 할 수 있습니다.

2) 주요 라이프스킬의 개념

라이프스킬의 주요 개념은 자아존중감, 의사결정스킬, 목표설정스킬 스트레스대처스킬, 대인관계스킬, 비판적 사고, 옹호스킬, 협상스킬 등 많이 있으나 이 프로그램에서는 〈표 1〉과같이 자아존중감, 의사결정스킬, 목표설정스킬, 스트레스대처스킬, 대인관계스킬, 비판적 사고 등을 다루었습니다.

① 자아존중감

라이프스킬교육에서는 자아존중감을 유지하거나 형성하는 스킬을 라이프스킬 중에서도 가장 기본적인 것이라고 보고 있습니다. 자아존중감은 간단하게 말하면 자신을 어떻게 보고 있는지 자신에 대한 이미지입니다. 자아존중감이 높아지면 다른 라이프스킬도 높아져 인생의 여러 가지 문제를 건설적이고 효과적으로 해결할 수 있는 가능성이 커지며, 또 일상의 구체적인 문제를 해결하는 경험을 통해 자아존중감도 높아지게 됩니다. 즉 자아존중감은 인생의 성공의 원인이 되는 한편, 결과도 되는 것입니다. 이 프로그램의 기본적인 목적은 청소년들의 자아존중감을 높임으로써 사춘기의 여러 가지 위험행동을 예방하는 것뿐만 아니라 인생의 여러 가지 문제를 스스로의 힘으로 극복하고 최종적으로는 한 사람 한 사람이 자신답게, 가치 있는 인생을 보낼 수 있도록 하는 것입니다.

- 자아존중감 형성 스킬에는 자부심 갖기, 확신 쌓기, 자아인식, 자아평가 등이 있습니다.

② 의사결정스킬

의사결정스킬은 '문제 상황에서 복수의 선택지 중에서 최선이라고 생각되는 것을 선택하는 능력'을 말합니다. 사람들은 매일 일상생활 속에서 여러 가지 결정을 내리며 살아갑니다. 그 중 많은 부분은 무의식중에 일어나며 그것이 큰 문제를 일으키진 않지만 때로는 중요한 결정을 내리지 않으면 안 되는 상황이 오게 됩니다. 이때 의사결정스킬이 뛰어난 사람은 주변의 사람들의 의견에 끌려 다니지 않고 정보를 바탕으로 자신의 의사와 책임에 의한 보다 나은 의사결정을 하는 것이 가능합니다. 의사결정스킬에 대한 학습은 합리적인 의사결정을 내리기 위한 단계를 이해하고 여러 가지 문제에 적용하는 것입니다. 의사결정 단계에 대한 모델로는 간단한 것부터 복잡한 것까지 몇 가지가 고안되어 있으나 본 프로그램에서는 'STOP(멈춰서)', 'THINK(생각하고)', 'GO(정하자)'라는 3가지 단계로 구성된 간단한 모델을 습득하도록 구성하였습니다. 각 단계는 의사결정을 할 문제의 명확화, 문제해결을 위한 선택지의 열거와 결과의 예측, 최선의 선택지 결정에 초점을 두고 있습니다.

- 의사결정스킬은 정보수집하기, 현재의 행동이 자신이나 타인에게 미치는 영향에 대하여 평가하기, 문제에 대한 대안적인 해결책 결정하기, 관련정보와 정보원 파악하기 등이 있습니다.

③ 목표설정스킬

목표설정스킬은 '현실적이고 건전한 목표를 설정, 계획, 착수하는 능력'으로 목표설정스킬을 향상시켜 목표를 달성하는 경험을 쌓는 것은 자아존중감의 중요한 요소 중에 하나인 자기효능감을 높이는데 매우 중요한 역할을 합니다. 이 프로그램에서는 적절한 목표를 세우는 방법, 목표달성을 향한 긍정적인 생각하기 등으로 특히 목표를 세우는 방법에 대해 배우는 것을 중요하게 생각하고 있습니다. 왜냐하면, 자신이 가지고 있는 능력이나 자원에 비해 너무 높은 목표를 설정하면 목표달성의 가능성이 낮아지고, 반대로 큰 노력이 필요하지 않는 목표를 세우면 목표를 달성한다고 해도 큰 만족감이나 자신감을 얻을 수는 없기 때문입니다. 적절한 목표인지 판단하는 기준으로는 다음과 같은 것을 예로 들 수 있습니다.

① 자신이 정말 달성하고 싶은 목표, 자신에게 의미가 있는 목표
② 구체적으로 측정 가능한 목표
③ 설정한 기간 안에 달성 가능한 목표
④ 작은 단기목표로 나눌 수 있어 다루기 쉬운 목표

- 목표설정스킬은 정보수집하기, 영향력 분석하기, 목적설정하기 등이 있습니다.

④ 스트레스대처스킬

스트레스대처스킬은 '스트레스의 원인과 영향을 인식하고, 스트레스의 원인을 줄이거나 피하지 못 할 스트레스의 영향을 작게 하는 능력'을 말합니다. 이 프로그램에서는 좋은 인간관계를 만들기 위해 필요한 의사소통스킬에 관하여 학습하는 내용이 많이 포함되어 있는데 오늘날의 아이들의 큰 스트레스 중에 하나가 인간관계에 관한 것임을 고려하면 이러한 내용도 스트레스대처스킬의 형성과 밀접한 관계가 있습니다.

- 스트레스대처스킬은 시간관리, 긍정적 사고, 이완요법 등이 있습니다.

⑤ 대인관계스킬

대인관계스킬에 있어서 좋은 의사소통스킬(자신의 기분이나 생각을 잘 전달하고 상대방의 기분이나 생각을 이해하는 능력)을 가지는 것은 사회적 고립을 막고 정신적, 사회적 건강을 유지하는 데 매우 중요합니다. 이 프로그램에서는 기본적인 회화스킬에 관하여 학습하며 친구를 칭찬하는 것으로 상대방의 자아존중감에 긍정적인 영향을 끼칠 수 있는 것을 체험하도록 고안되었습니다. 또 친구의 압력을 받아 술을 마시거나 담배를 피우는 등의 위험행동을 하지 않기 위해, 또한 자신이 원하지 않는 것을 하도록 다른 사람에게 압력을 받았을 때에는 상대방을 존중하면서도 자신의 생각을 명확히 전달하는 자기주장적 의사소통스킬이 유용함을 이해하고 역할극을 통해 스킬을 습득하도록 고안되었습니다.

- 대인관계스킬은 언어/비언어적 의사소통, 적극적 청취, 감정표현하기, 자기주장하기, 협력과 팀워크, 거절하기, 옹호하기 등이 있습니다.

⑥ 비판적 사고

비판적 사고는 '사고에 대한 사고' 즉, 반성적 사고라 할 수 있습니다. 기본적으로 '사고에 대한 사고'란 타인의 생각이나 자신의 생각에 대해 한 번 더 생각해 보는 것을 말합니다. 따라서 어떤 주장을 문제로 여기고, 그것에 대해 여러 가지 질문을 던지며, 또 그 질문에 대해 합당한 답을 얻으려고 추리하는 과정이 보다 중요하다

고 할 수 있습니다. 이 프로그램에서는 정보를 분석하고, 영향력을 분석하며 어떠한 유혹이나 위험한 상황에 노출되었을 때 추론된 결론, 그 결론이 함축하는 사항 등이 무엇인지 분석하여 그것들이 올바르고 적절한 것인지 판단을 통해 올바른 행동을 할 수 있는 스킬을 학습하게 됩니다.

- 비판적 사고 스킬은 정보수집하기, 영향력 분석하기, 분류·판단·평가하기, 추론하기 등이 있습니다.

〈표 1〉 주요 라이프스킬 개념

라이프스킬	주요 개념	세부 스킬	고려사항
자아존중감 (Self-esteem)	자신을 어떻게 보고 있는지에 대한 자신의 이미지를 보는 능력	자부심 갖기, 확신 쌓기, 자아인식, 자아평가 등	가장 기본적이고 최우선적으로 형성해야할 스킬
의사결정스킬 (Decision making skills)	문제 상황에서 선택을 해야 할 때 최선이라고 생각되는 것을 선택하는 능력	합리적 의사결정 (STOP—THINK—GO)	간단한 모델을 적용하여 연습
목표설정스킬 (Goal setting skills)	현실적이고 건전한 목표를 설정하고 계획하며 착수하는 능력	정보수집하기, 영향력 분석하기, 목표설정하기	자신에게 맞는 적절한 목표를 세워야함
스트레스대처스킬 (Stress coping skills)	스트레스 원인과 영향을 인식하고, 이들의 원인을 줄이고 영향을 적게 하는 능력	원만한 인간관계 형성 및 긍정적으로 사고하는 방법	시간 관리, 긍정적 사고, 스트레스 대처와 완화를 위한 이완요법
대인관계스킬 (Interpersonal skills)	의사소통스킬은 자신의 기분이나 생각을 잘 전달하고, 상대방의 기분이나 생각을 이해하는 능력	친구들이 위험행동을 하도록 압력을 가했을 때 거절하는 방법과 자기주장하는 방법	언어/비언어적 의사소통, 적극적 청취, 감정표현하기, 자기주장기술, 협력하기, 팀워크, 거절하기, 옹호하기
비판적 사고 (Critical thinking skills)	정보 및 영향력을 분석하고, 반성적 사고를 통해 올바로 판단하는 능력	정보수집하기, 영향력 분석하기, 추론하기	생각하는 힘 기르기 질문에 대한 답 스스로 찾기

2 라이프스킬(Life Skills) 교육의 효과

라이프스킬 교육은 '적극적인 학습자 참여형 교수·학습 방법'과 '집단작업'을 통하여 다음과 같은 효과를 얻게 됩니다.

- 자신과 타인에 대한 참여자의 인식 높이기
- 경쟁보다는 협력을 증진시키기
- 집단 구성원들과 그들의 교육자/교사들에게 개인의 기술을 인정해 주고, 소중히 여기며, 자아존중감을 향상시키는 기회들을 제공하기
- 참여자들이 서로를 더 잘 알게 되도록 하여 관계를 확장시키기
- 경청 및 의사소통 기술을 증진시키기

- 민감한 문제들 다루기 용이하게 하기
- 개인과 그들의 욕구에 대한 이해 및 관용을 증진시키도록 하기
- 혁신 및 창조성을 격려하기 등이 있습니다.

3. 본 프로그램의 이론적 기틀

　이 프로그램은 사회학습이론(Bandura, 1977) 및 문제행동이론(Jessor & Jessor, 1977)을 기반으로 하여 이 개념적 기틀을 적용한 미국 Botvin박사의 '라이프스킬 훈련(LST: Life Skills Training) 프로그램'과 일본의 '라이프스킬 교육 프로그램'을 참고하여 개발되었습니다. 이와 함께 청소년들의 건강위험행동 관련 선행연구의 결과들이 반영되었습니다. 선행연구에서 청소년들의 위험행동은 가족과 친구 등 주변 사람들의 행동과 태도, 그리고 다양한 미디어 등의 환경요인과 자아존중감, 자기효능감, 스트레스 대처능력, 충동성 등 개인요인의 상호작용의 결과로 나타나는 것으로 분석되었습니다. 본 연구에서는 이러한 점에 착안하여 [그림 1]과 같은 개발 틀을 가지고 주요 라이프스킬 개념을 포함한 건강 교육 프로그램을 개발하였습니다.

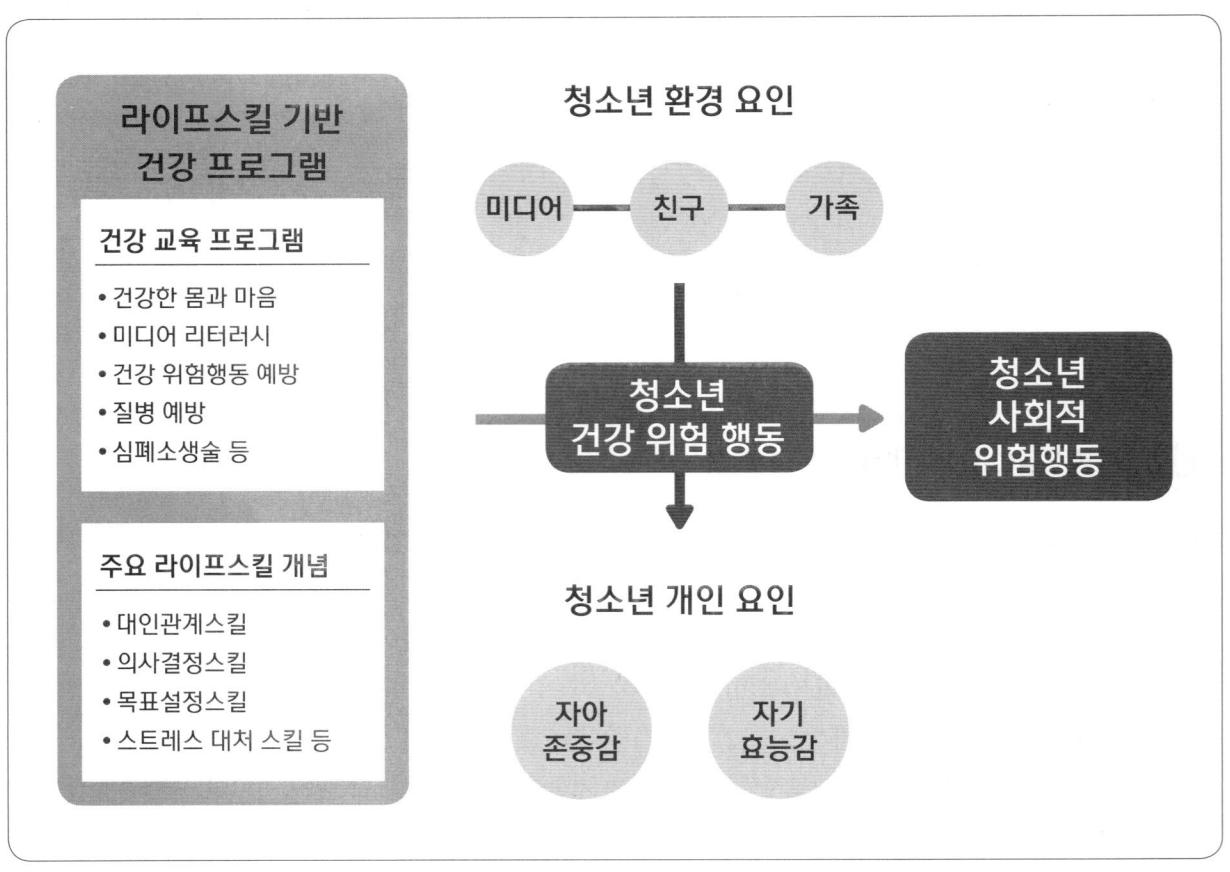

[그림 1] 본 프로그램 개발의 주요 관점에 관한 기본 틀

국내외 선행연구에 의하면, 청소년들의 위험행동은 한 가지 영역의 행동이 단독으로 이루어지는 것이 아니라 다양한 행동들이 서로 연관되어 나타납니다. 건강위험행위의 하부 요인인 흡연, 음주, 약물남용, 성행위 등은 서로 간에 높은 상관관계를 보여 흡연을 많이 하는 학생이 음주 정도도 높고 약물사용도 많이 하며 준비되지 않은 성행위와도 관련되는 것으로 나타났습니다(최지은, 박연재, 김현경, 2017; Ha, Lee, & Choi, 2017; Kulbok & Cox, 2002). 예를 들면, 술이나 담배를 '입문 약물(gateway drug)'이라고 하는 것처럼, 청소년들이 사회적 용인도가 비교적 높다고 느끼는 위험행동부터 사회적 용인도가 낮다고 느끼는 위험행동으로 진행되어 가는 것을 알 수 있습니다. 이러한 음주나 흡연, 약물남용, 이른 성 경험 등 사회규범에 반하는 행동을 하는 청소년들은 공통적으로 인간관계에 따른 불안, 고독감, 낮은 자아존중감 등 심각한 심리사회적 문제를 안고 있으며 이러한 감정으로부터 달아나기 위해 극단적으로 자살과 같은 위험행동까지도 할 수 있습니다.

Ⅱ. 라이프스킬로 배우는 건강 톡톡(talk talk) 프로그램 개발 과정

1. 본 프로그램 개발 과정

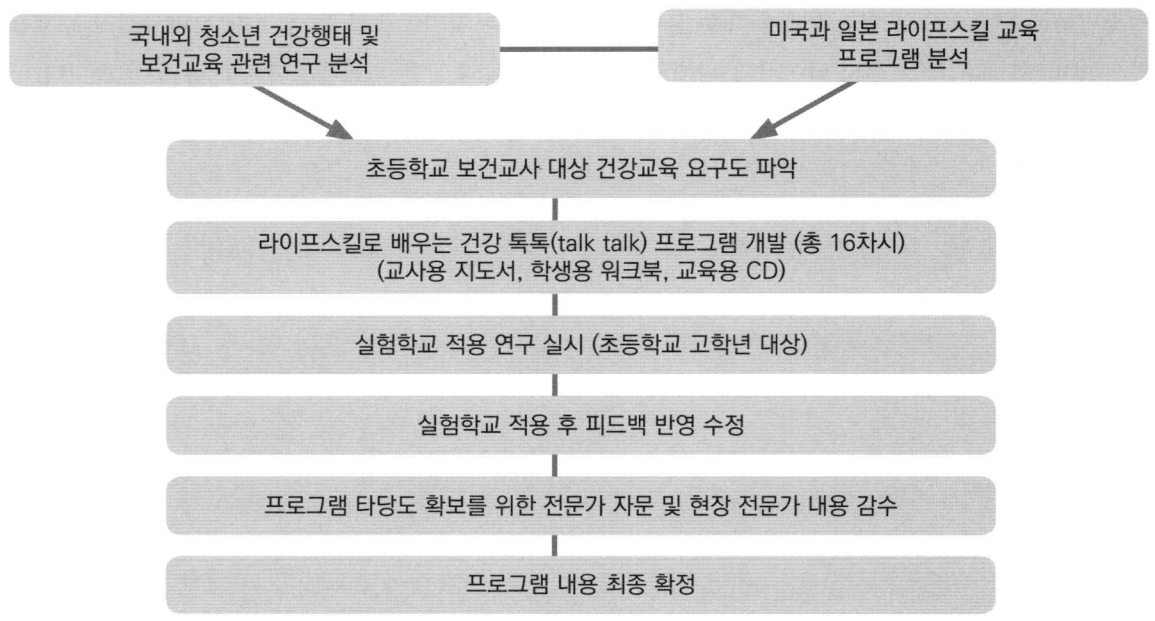

[그림 2] 본 프로그램의 주요 개발 과정

 이 프로그램은 [그림 2]와 같은 과정을 통하여 개발되었습니다. 초등학교 보건교사의 건강교육에 대한 요구도([그림 3] 참고) 및 프로그램 개발을 위한 이론적 기틀을 바탕으로 총 16차시의 건강 교육 프로그램의 프로토타입을 개발하였습니다. 보건교사를 대상으로 한 요구도 조사 결과와 현장전문가들의 의견을 반영하여 요구도 최저 점수를 기록한 '목표설정'과 관련한 내용은 프로그램에 포함되지 않았습니다. 이후 서울 소재 초등학교 3 곳을 연구학교로 선정하여 연구 협조 및 동의를 받아 고학년 학생들을 대상으로 적용하였습니다. 실험학교 적용 전 담당 교사들을 대상으로 워크숍을 실시하여 내용 전달 연수를 한 후, 프로그램에 대한 현장의 피드백을 받았습니다. 현장에서 새롭게 나온 문제점을 수정한 후, 완성된 프로그램 내용에 대한 현장 전문가 자문 및 감수를 통해 프로그램 타당성을 검증 받았습니다.

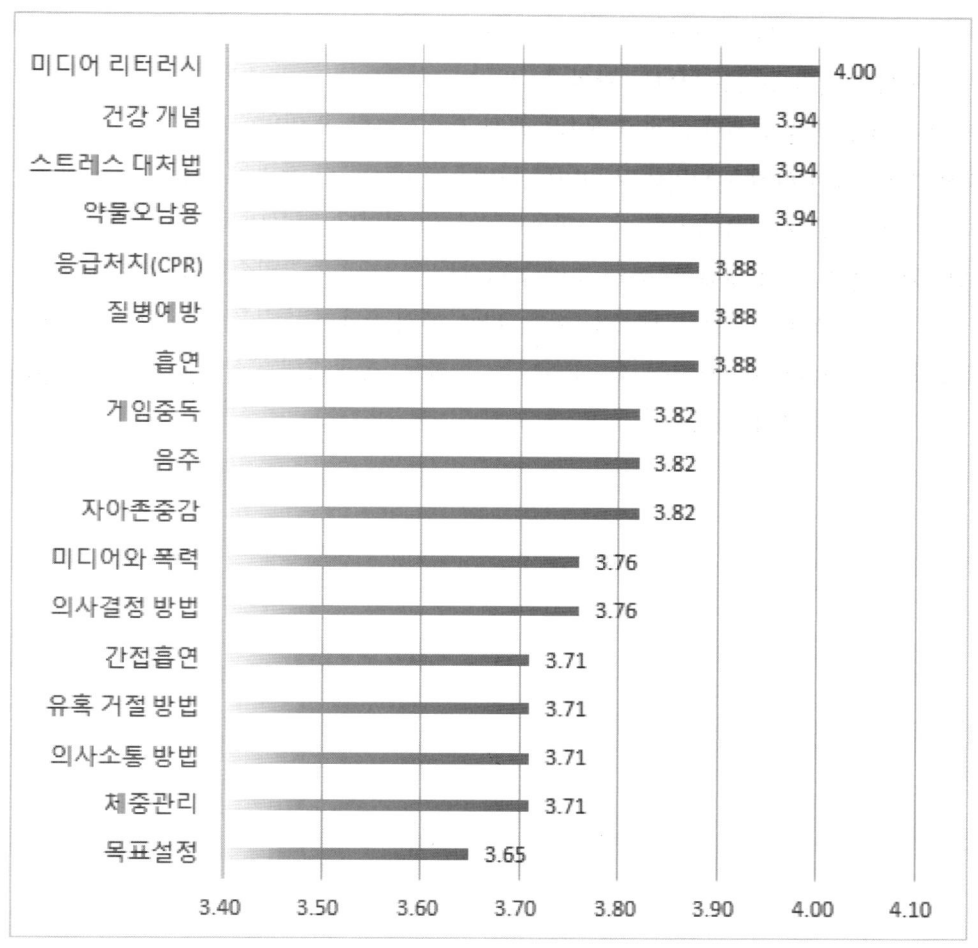

[그림 3] 초등 보건교사 대상 라이프스킬 기반 보건교재의 교육내용 요구도 조사 결과

2. 본 프로그램의 장점

　이 프로그램 가장 큰 장점은 학교 현장에 실험 적용하여 완성된 프로그램이라는 점입니다. 학생과 교사들의 수업평가 결과가 개발 과정에 반영되었고, 프로그램에 대한 학생들의 수업만족도가 높고, 학생 참여형 수업방식이어서 기존의 강의식 교육보다 효과적이라는 결과에 기반하고 있습니다. 앞에서 언급한 바와 같이 개발 초부터 친구나 미디어 등의 청소년의 심리적, 개인적, 환경적 요인의 영향까지 고려하여 라이프스킬을 기초로 개발한 프로그램이며, 학교 현장 검증을 거쳤으므로 수업에 바로 활용할 수 있는 효과적인 프로그램이라고 할 수 있습니다.

　이 프로그램의 시작은 본 책임연구자가 일본 라이프스킬 교육연구회 교사연수 프로그램에 참여하여 직접 체험을 하고 온 후 개발한 프로그램입니다. 일본 라이프스킬 교육연구회 회장인 카와바타 교수(일본 고베대학교 대학원)와 국제 연구교류를 통해 한·일간 청소년들의 정보를 공유하였고, 또한 빠르게 변화하는 국제적

흐름을 반영하고자 미국의 학교보건학회의 저널(Journal of School Health 및 Journal of Adolescents Health)을 참고하여 최신의 경향을 담아 개발하였습니다.

마지막으로 이 프로그램은 교재만 가지고 교사들에게 가르치라고 하지 않습니다. 이 프로그램의 원칙은 교사들이 직접 워크숍에 참여하여 교수학습 방법이나 라이프스킬에 대한 개념을 이해하고, 학생의 입장에서 차시별 프로그램을 직접 체험하고 활동하면서 익히도록 하는 것입니다. 백문이 불여일견(不如一見)이라는 속담과 같이 백 번 듣는 것이 한 번 경험 해 보는 것만 못하다는 원칙을 갖고 있습니다. 따라서 교사들이 직접 본 연구자가 주관하는 워크숍에 참여하고, 배운 내용을 학생들에게 적용하는 것을 기본 원칙으로 삼고 있습니다.

이 프로그램의 교사워크숍에 참여하기를 희망하는 교사는 '한국라이프스킬교육센터'(http://lifeskill.co.kr)에 로그인하여 신청 할 수 있습니다.

Ⅲ. 라이프스킬로 배우는 건강 톡톡(talk talk) 프로그램 사용 안내

1. 본 프로그램 적용 전 안내

1 라이프스킬 개념 이해를 먼저 시킨 후 프로그램 적용

이 프로그램은 라이프스킬의 개념인 문제해결스킬, 의사결정스킬, 스트레스대처스킬, 자기관리스킬, 비판적 사고, 자아존중감을 높여 건강 문제가 발생하거나 일상생활에서 도움이 필요할 때 스스로 해결할 수 있는 '자기관리' 역량 함양에 초점을 맞추어 개발한 프로그램이므로 라이프스킬에 대한 이해를 먼저 교육한 후 수업을 진행하는 것을 권장하고 있습니다.

2 초등학교 고학년 학생에게 먼저 적용

이 프로그램은 2차 성징이 발현되어 성장 발달이 시작되는 '초등학교 5-6학년 학생'들에게 적용하면 더욱 효과적인 프로그램이므로 이들에게 가장 먼저 적용할 것을 권합니다. 그러나 학교교육과정 운영상 보건 교육을 실시하는 대상 학년이 학교마다 다를 수 있으므로 학교사정에 따라 탄력적으로 적용할 수 있으며, 초등학교 5-6학년보다 저학년에도 적용할 수 있습니다

2. 본 프로그램 운영 시 고려사항

1 프로그램 운영의 융통성

이 프로그램은 각 차시별 40분에 맞추도록 구성되어 있으나 수업시간에 따라 제시된 수업활동 중 선택활동을 생략하여 융통성 있게 진행할 수 있습니다. 각 차시마다 학습목표를 달성하기 위해 꼭 필요한 활동을 '주활동'으로, 그 외 수업 시간 및 환경 여건에 따라 선택으로 진행할 수 있는 '선택 활동'으로 구분하여 제시하고 있으므로 수업 전 활동 내용을 미리 살펴보시고, 수업 내용을 계획하여 운영하시기 바랍니다.

3. 본 프로그램의 구성 및 학습내용

이 프로그램의 교육 내용은 〈표 2〉와 같이 총 16차시로 구성되어 있습니다. 우리나라 초등학교 교육과정과 각 시·도 교육청의 학교 보건교육 기본 계획안, 초등학교 보건교사들이 인식한 학교 보건교육시 필요한 학습

내용을 조사하여 최종 프로그램 내용을 확정하여 개발하였습니다. 또한, 각 차시마다 학습 목표 성취를 위해 꼭 진행해야 하는 '주 활동'과 수업 시간 및 환경에 따라 선택하여 활동이 가능한 '선택 활동'을 다양하게 구성하여 학교 현장에서 쉽게 활용할 수 있도록 하였습니다.

〈표 2〉 초등학교 고학년 대상 라이프스킬로 배우는 건강 톡톡(talk talk) 프로그램 내용 및 학습목표(총 16차시)

차시	시수 (시간)	수업명	학습 목표			라이프스킬 주 개념
			학습 활동	모둠 / 개별 활동	주 / 선택 활동	
I 단원: 건강한 몸과 마음						
1	1 (40분)	건강한 나의 몸	① 건강의 개념을 이해하고, 건강한 삶이 무엇인지 말할 수 있다. ② 건강한 삶을 살기 위한 생활 습관과 규칙을 세울 수 있다.			자아존중감 대인관계스킬 목표설정스킬
			활동 1. '건강' 마인드맵 만들기	모둠 활동	선택 활동	
			활동 2. 건강 개념 알아보기	개별 활동	주 활동	
			활동 3. 건강 생활 습관과 규칙 세우기	모둠 활동	주 활동	
2	1 (40분)	자아존중감 향상	① 내가 어떤 사람인지 알고, 나와 다른 사람의 공통점과 차이점이 무엇인지 말할 수 있다. ② 다른 사람의 장점을 파악하여 칭찬해 줄 수 있다.			자아존중감 대인관계스킬
			활동 1. 자아존중감 검사하기	개별 활동	선택 활동	
			활동 2. 나와 다른 사람과의 공통점·차이점 찾기	모둠 활동	주 활동	
			활동 3. 칭찬메시지 적어주기	모둠 활동	주 활동	
3	1 (40분)	스트레스 (불안·분노) 대처	① 스트레스의 개념과 증상이 무엇인지 말할 수 있다. ② 스트레스를 바르게 대처하는 방법을 알고 실행할 수 있다.			자아존중감 스트레스대처스킬 목표설정스킬
			활동 1. 스트레스 개념과 증상 알아보기	개별 활동	주 활동	
			활동 2. 스트레스 상황과 대처법	개별 활동	주 활동	
			활동 3. 스트레스를 날리는 콜라주 만들기	개별 활동	선택 활동	
II 단원: 건강위험행동 바로 알기						
4	1 (40분)	약물 오·남용 예방	① 일상생활에서 접하는 약물이 우리 몸에 미치는 영향을 말할 수 있다. ② 올바른 약물 섭취 방법에 대해 말할 수 있다.			비판적 사고 의사결정스킬 목표설정스킬
			활동 1. 카페인이 들어있는 것들 찾아보기	개별 활동	주 활동	
			활동 2. 약물 복용 상황 분석	모둠 활동	선택 활동	
			활동 3. 약 라벨 읽는 법	개별 활동	주 활동	
			활동 4. 올바른 카페인 섭취에 대해 토의하기	모둠 활동	주 활동	
5	1 (40분)	흡연 예방	① 담배의 독성물질과 흡연시 나타나는 증상이 무엇인지 말할 수 있다. ② 흡연과 관련한 정보를 바탕으로 흡연 예방을 위한 목표를 세울 수 있다.			비판적 사고 의사결정스킬 목표설정스킬
			활동 1. 빙고게임-담배 하면 생각나는 것	개별 활동	선택 활동	
			활동 2. 담배연기에 포함된 독성물질 알아보기	개별 활동	주 활동	
			활동 3. 담배로 인해 나타날 수 있는 증상들	개별 활동	주 활동	
			활동 4. 담배로 인한 증상이 나타난 사람 모습 그리기	모둠 활동	주 활동	
			활동 5. 평생 비흡연 의지 다짐하기	개별 활동	주 활동	

차시	시수 (시간)	수업명	학습 목표			라이프스킬 주 개념
			학습 활동	모둠 / 개별 활동	주 / 선택 활동	
6	1 (40분)	간접흡연 예방	① 간접흡연의 위해성에 대해 말할 수 있다. ② 간접흡연과 관련한 정보를 바탕으로 대책 방안을 세우고, 주변의 흡연인에게 금연을 권유할 수 있다.			비판적 사고 의사소통스킬 자기주장스킬
			활동 1. 흡연에 대한 진실 확인	개별 활동	주 활동	
			활동 2. 간접흡연의 영향과 대책 방안 토의하기	모둠 활동	주 활동	
			활동 3. 금연 권유 홍보 스티커 만들기	모둠 활동	선택 활동	
7	1 (40분)	음주 예방	① 알코올이 내 몸에 주는 나쁜 영향에 대해 말할 수 있다. ② 음주가 주변 사람, 주변 환경에 미치는 영향에 대해 말할 수 있다.			비판적 사고 의사결정스킬 자기주장스킬
			활동 1. 음주에 대한 진실 확인	개별 활동	선택 활동	
			활동 2. 알코올이 우리 몸에 미치는 영향 알아보기	모둠 활동	주 활동	
			활동 3. 청소년 음주 예방 카톡 이모티콘 만들기	모둠 활동	선택 활동	

III 단원: 디지털 미디어 시대 대처하기

차시	시수 (시간)	수업명	학습 활동	모둠 / 개별 활동	주 / 선택 활동	라이프스킬 주 개념
8	1 (40분)	미디어 리터러시: 광고 재해석	① 미디어 리터러시가 무엇인지 말할 수 있다. ② 미디어를 비판적으로 봐야 하는 필요성에 대해 말할 수 있다.			비판적 사고 의사결정스킬
			활동 1. 미디어의 영향력과 미디어 리터러시	개별 활동	주 활동	
			활동 2. 광고의 비밀 분석하기	모둠 활동	주 활동	
9	1 (40분)	미디어와 폭력	① 미디어를 통해 나타날 수 있는 폭력에 대해 말할 수 있다. ② 미디어를 이용해 이루어지는 폭력에 적극적으로 대처할 수 있다.			비판적 사고 의사결정스킬
			활동 1. 장난과 폭력 구분하기	모둠 활동	선택 활동	
			활동 2. 사이버 폭력 상황 분석하기	모둠 활동	주 활동	
			활동 3. 사이버 폭력 예방 표어 만들기	개별 활동	선택 활동	
10	1 (40분)	디지털 중독 예방	① 디지털 중독과 그 증상이 무엇인지 말할 수 있다. ② 디지털 중독을 예방하고 대처할 수 있다.			자아존중감 의사결정스킬 목표설정스킬
			활동 1. 게임·스마트폰 중독 자가진단 검사	개별 활동	주 활동	
			활동 2. 스마트폰 사용 시간 점검	개별 활동	주 활동	
			활동 3. 집착에 대한 마음 버리기	모둠 활동	선택 활동	

IV 단원: 대인관계 잘하기

차시	시수 (시간)	수업명	학습 활동	모둠 / 개별 활동	주 / 선택 활동	라이프스킬 주 개념
11	1 (40분)	의사결정 잘하기	① 의사결정의 기본 단계를 설명할 수 있다. ② 의사결정스킬을 적용하여 갈등 상황에서 바람직한 결정을 할 수 있다.			의사결정스킬 자기주장스킬 대인관계스킬
			활동 1. 의사결정 기본 단계(Stop – Think – Go) 알아보기	개별 활동	주 활동	
			활동 2. 의사결정 기본 단계(Stop – Think – Go) 적용 연습	개별 활동	주 활동	
			활동 3. 상황에 따라 의사결정 기본 단계(Stop – Think – Go) 적용하기	모둠 활동	선택 활동	
12	1 (40분)	의사소통 잘하기	① 갈등 상황에서 자기주장적 의사소통스킬을 활용하는 방법을 말할 수 있다.			대인관계스킬 자기주장스킬
			활동 1. 갈등 상황에 대한 기본 대응 방식 알아보기	개별 활동	주 활동	
			활동 2. 갈등 상황 해결하기	모둠 활동	주 활동	

차시	시수 (시간)	수업명	학습 목표		모둠 / 개별 활동	주 / 선택 활동	라이프스킬 주 개념
			학습 활동				
13	1 (40분)	유혹 거절하기	① 효과적인 언어적, 비언어적 의사소통 방법에 대해 설명할 수 있다. ② 자기주장적 의사소통스킬을 활용하여 건강위험행동에 대한 유혹을 거절할 수 있다.				자기주장스킬 대인관계스킬 의사소통스킬
			활동 1. 자기주장적 의사소통스킬 알아보기		개별 활동	주 활동	
			활동 2. 자기주장적 의사소통스킬을 활용하여 대본 작성하기		개별 활동	주 활동	
			활동 3. 모둠별 역할극 시연해보기		모둠 활동	주 활동	
			활동 4. 최종대본 발표하기		모둠 활동	주 활동	

V 단원: 더 건강한 삶 살기

차시	시수 (시간)	수업명	학습 목표		모둠 / 개별 활동	주 / 선택 활동	라이프스킬 주 개념
14	1 (40분)	건강한 체중관리	① 건강한 체중과 체중관리의 필요성에 대해 설명할 수 있다. ② 건강한 체중관리를 위해 필요한 운동습관과 식습관 목표를 세울 수 있다.				자아존중감 비판적 사고 목표설정스킬
			활동 1. 신체질량지수(BMI) 계산하기		개별 활동	주 활동	
			활동 2. 어제 한 운동·먹은 음식 기록하기		개별 활동	주 활동	
			활동 3. 일주일 운동·식습관 목표 세우기		개별 활동	선택 활동	
15	1 (40분)	질병 예방	① 쉽게 걸리는 질병의 증상과 원인을 말할 수 있다. ② 질병 예방법과 대응 행동을 말할 수 있다.				자기관리스킬 자아존중감 비판적 사고
			활동 1. 청소년이 쉽게 걸리는 질병 알아보기		개별 활동	주 활동	
			활동 2. 신체 기관별 질병 알아보기		개별 활동	주 활동	
			활동 3. 질병 상황별 문제 해결하기		모둠 활동	주 활동	
16	1 (40분)	심폐소생술 (CPR)	① 심폐소생술의 의미와 중요성을 설명할 수 있다. ② 심폐소생술의 정확한 순서를 설명하고 심장압박법을 실시할 수 있다.				비판적 사고 의사결정스킬 (소생술)
			활동 1. 심폐소생술 순서와 방법 알아보기		개별 활동	주 활동	
			활동 2. 자동 심장충격기(AED)에 대해 알아보기		개별 활동	선택 활동	
			활동 3. 심폐소생술 실습		개별 활동	주 활동	

초등학교 라이프스킬로 배우는 건강 톡톡

2. 교수·학습 과정안

1 단원: 건강한 몸과 마음

2 단원: 건강위험행동 바로 알기

3 단원: 디지털 미디어 시대 대처하기

4 단원: 대인관계 잘하기

5 단원: 더 건강한 삶 살기

1단원

건강한 몸과 마음

★ ★ ★

1 건강한 나의 몸

2 자아존중감 향상

3 스트레스(불안·분노) 대처

PART 01 건강한 나의 몸

건강에 대한 바른 이해를 통하여 건강한 신체이미지와 올바른 자아이미지를 확립한다.

1. 수업의 개관

청소년기는 신체적, 정신적 변화의 과정이 시작되는 사춘기의 시작이다. 이 수업에서는 이러한 변화의 과정에서 신체적, 정신적, 사회적 측면을 어우르는 건강의 개념에 대하여 생각해 봄으로써 신체와 정신의 균형 잡힌 발달에 대하여 알 수 있다. 또한, 건강한 삶을 위한 생활 습관과 규칙을 세워보는 활동을 통해 내 몸에 대한 주인의식을 함양할 수 있다.

2. 수업의 학습목표

① 건강의 개념을 이해하고, 건강한 삶이 무엇인지 말할 수 있다.
② 건강한 삶을 살기 위한 생활 습관과 규칙을 세울 수 있다.

3. 활동 내용 및 준비물

- 워크북: 활동 1 '건강 마인드맵 만들기'
- 워크북: 활동 2 '건강 개념 알아보기'
- 워크북: 활동 3 '건강 생활 습관과 규칙 세우기'
- 전지(2절지)
- 매직(사인펜)
- 포스트잇

4. 주요 라이프스킬 개념

- 자아존중감
- 대인관계스킬(의사소통/경청)
- 목표설정스킬

타인과 자신에 대한 올바른 이해를 통해 객관적인 자기 인식을 갖는 것은 자아존중감 확립의 기본이라고 할 수 있다. 다른 사람들과 함께 '건강' 개념을 탐색해 봄으로써 건강한 신체 및 자아이미지를 수립할 수 있다. 이 과정에서 다른 사람과 의견을 나누면서 대인관계스킬을 학습하고, 건강한 삶을 위한 구체적인 생활 규칙을 세워봄으로써 목표설정스킬을 학습한다.

5. 교수-학습과정

수업명	1. 건강한 나의 몸		활동시간	40분
학습주제	건강에 대한 바른 이해를 통한 건강한 신체이미지와 올바른 자아이미지 확립하기			
학습목표	① 건강의 개념을 이해하고, 건강한 삶이 무엇인지 말할 수 있다. ② 건강한 삶을 살기 위한 생활 습관과 규칙을 세울 수 있다.			
수업전략	주 활동:	활동 2. 건강 개념 알아보기 [개별활동] 활동 3. 건강 생활 습관과 규칙 세우기 [모둠활동]		
	선택 활동:	활동 1. '건강' 마인드맵 만들기 [모둠활동]		
	• 4~5명으로 모둠을 편성하여 '균형 잡힌 건강'과 '건강한 삶을 살기 위한 방법'에 대해 자유롭게 의견을 교환하고 학습주제에 대해 생각해 보도록 한다. • 취합된 모둠의 생각을 발표하고, 학급 전체와 공유하도록 한다. ※ 수업 배정 시간과 교사 재량에 따라 제시된 주 활동을 한 후 선택 활동을 운영하거나 생략할 수 있다.			
교수·학습 활동 및 자료	활동지	워크북: 활동 1 '건강 마인드맵 만들기' 워크북: 활동 2 '건강 개념 알아보기' 워크북: 활동 3 '건강 생활 습관과 규칙 세우기'	라이프스킬 주 개념	자아존중감 대인관계스킬 목표설정스킬
	준비물	전지(2 절지) 매직(사인펜) 포스트잇		

학습 단계 (시간)	주요 학습 활동	교수·학습활동		자료 및 유의점
		교사	학생	
도입 (8분)	모둠 편성	**모둠 구성 활동** • 학생들에게 포스트잇을 한 장씩 나누어준 후 내가 생각하는 가장 건강한 이미지의 사람을 한 사람 적도록 한다. • 적은 사람에 따라 운동선수, 연예인, 가족, 친구 등 비슷한 분류의 사람을 적은 학생끼리 모둠을 구성하도록 한다. 각자 포스트잇을 한 장씩 받도록 해요. 받은 포스트잇에 내가 생각하는 가장 건강한 이미지를 가진 사람을 떠올려 보고 그 이름을 하나만 적도록 합니다. 다 적었으면 내가 적은 사람이 운동선수, 연예인, 가족, 주변 친구 등 비슷한 분류에 속한 사람을 적은 친구를 찾아 모둠을 만드세요. 모둠이 만들어졌으면 책상을 붙여 모둠 별로 앉고 모둠별 발표자를 정하도록 합니다.	**모둠 만들기** • 포스트잇에 내가 생각하는 건강한 이미지를 가진 사람 한 명을 적는다. • 모둠을 만들고 자리에 앉아 모둠별 발표자를 정한다.	강의참고자료 (ppt) 활용 포스트잇
	동기 유발	**함께 생각해 보기: 어린이·청소년의 주관적 행복지수** • 강의참고자료(ppt)의 그래프를 참고하여 건강한 삶과 행복한 삶의 관계에 대해 생각해 볼 수 있도록 학생들에게 질문을 한다. (질문의 예: 행복한 사람들의 공통된 특징은 무엇일까?) • 행복한 삶은 신체적·정신적·사회적 건강이 뒷받침되어야 함을 설명하면서 이번 수업의 학습 주제인 균형 잡힌 건강한 삶에 대해 설명한다.	**함께 생각해 보기** • 강의참고자료의 그래프가 무엇에 관한 순위인지 생각해 보고 답한다. • 신체적·정신적·사회적으로 건강한 삶이 행복한 삶을 사는데 왜 중요한지 생각해 본다.	강의참고자료 (ppt)
	학습 목표 확인	**학습목표 제시** • 건강한 삶에 관한 학습목표를 설명한다. 우리가 '건강한 사람'에 대해 생각해 볼 때 가장 먼저 떠오르는 이미지는 무엇이 있나요? 튼튼한 몸, 체력 등이 있습니다. 그러나 이러한 신체적 건강만이 건강한 삶을 의미하는 것은 아닙니다. 신체적 건강만큼 정신적, 사회적 건강도 중요합니다. 오늘은 '건강'이라는 것이 무엇을 말하는지 살펴보고, 이렇게 건강한 삶을 살기 위해서 무엇을 해야 하는지에 대해 생각해 보는 시간을 갖도록 하겠습니다. ① 건강의 개념을 이해하고, 건강한 삶이 무엇인지 말할 수 있다.	**학습목표 확인하기** • 설명을 잘 듣는다. • 건강과 신체이미지에 대한 학습목표를 확인한다.	

학습 단계 (시간)	주요 학습 활동	교수·학습활동		자료 및 유의점
		교사	학생	
		② 건강한 삶을 살기 위한 생활 습관과 규칙을 세울 수 있다.		
전개 (27분)	학습 활동 안내	**학습활동 안내** 활동을 제시한다. **활동 1.** '건강' 마인드맵 만들기 **활동 2.** 건강 개념 알아보기 **활동 3.** 건강 생활 습관과 규칙 세우기	**학습활동 인지**	
	토의 및 제작	**활동 1. '건강' 마인드맵 만들기** • 마인드맵을 만드는 방법에 대해 설명한다. • 학생들이 방법을 모르는 경우 예시 단어를 주고 설명한다. ┄┄┄┄┄┄┄┄┄┄┄┄┄┄┄┄┄┄┄┄┄┄ 이제부터 마인드맵을 만드는 방법에 대해 '가을'이라는 단어로 설명하겠습니다. 우선 중앙에 '가을'이라고 씁니다. 그리고 연상되는 단어를 '가을' 주변에 적습니다. 예를 들어 '낙엽', '추석', '하늘'과 같은 단어를 썼으면 그 중의 하나를 골라 거기에서 연상되는 단어를 또 적습니다. '추석'을 선택하였으면 '추석'에서 연상되는 단어 '보름달', '송편' 등 연상되는 단어를 계속 이어서 적어나갑니다. 이렇게 적은 단어에서 연상되는 단어를 계속해서 적어나가면 마인드맵이 완성됩니다. ┄┄┄┄┄┄┄┄┄┄┄┄┄┄┄┄┄┄┄┄┄┄ • 전지와 매직(사인펜)을 모둠별로 나누어준다. ┄┄┄┄┄┄┄┄┄┄┄┄┄┄┄┄┄┄┄┄┄┄ 지금부터 '건강'이라는 키워드로 마인드맵을 만들겠습니다. 이어갈 말은 가족이나 선생님에게 들은 말, TV나 책에서 본 내용, 수업에서 배운 것 등 자유롭게 적으면 됩니다. 모둠을 만들 때 적은 사람을 떠올려 보세요. 우리 모둠이 적은 사람이 운동선수들인지, 연예인인지, 가족 주변 친구인지 잘 떠올려 보고, '그 사람의 생활습관', '성격', '먹는 음식' 등에 대해 다양하게 생각해 볼 수 있습니다. 전지의 중앙에 '건강'이라고 적어주세요. 전에 한대로 적어가면 됩니다. 이제 시작하세요. ┄┄┄┄┄┄┄┄┄┄┄┄┄┄┄┄┄┄┄┄┄┄	**활동 1. '건강' 마인드맵 만들기** • 마인드맵 만드는 방법에 대한 설명을 잘 듣는다. • 나누어 준 전지와 매직(사인펜)을 받는다. • '건강'에 관하여 마인드맵을 만든다. • 모둠에서 공통적으로 적은 사람을 떠올리면서 '건강한 사람의 생활습관', '건강한 사람의 성격', '건강한 음식' 등의 주제에 대해 연상되는 말을 이어가며 마인드맵을 완성한다.	워크북 전지 매직(사인펜) ※활동 1은 수업 시간을 고려하여 교사 재량에 따라 선택하여 할 수 있다.

학습 단계 (시간)	주요 학습 활동	교수·학습활동		자료 및 유의점
		교사	학생	
	발표	• 완성한 마인드맵을 소개하도록 한다. 마인드맵이 완성되었네요. 모둠 별로 협력하여 많은 말을 이어주었습니다. 각 모둠 별로 마인드맵을 보면서 건강에 대해 어떤 생각을 하였는지 다른 모둠에게 소개해 주세요. • 각 모둠 대표의 발표가 끝난 후, '건강'의 특징적인 내용에 설명을 덧붙여 모둠에서 만든 내용과 비교하여 학습 내용을 정리하도록 한다.	• 모둠 대표가 자신의 모둠에서 작성한 마인드맵 내용을 간단히 정리하여 발표한다. • 다른 모둠은 발표를 잘 경청한다.	
	강의 및 개별 활동	활동 2. 건강 개념 알아보기 • 강의참고자료(ppt)를 참고하여 균형 잡힌 건강에 대해 설명한다. 건강한 사람이 되려면 또는 건강한 삶을 살려면 어떻게 해야 하나요? 보통 건강한 삶을 떠올리면 운동을 규칙적으로 하거나 몸에 좋은 건강한 음식을 먹거나 하는 신체적인 건강을 떠올리기 쉽습니다. 그러나 건강한 삶은 이러한 신체적 건강뿐 아니라, 정신·감정적 건강, 사회적 건강이 균형 있게 조화를 이루는 삶을 의미합니다. • 건강의 3가지 영역을 바탕으로 학생들이 워크북: 활동 2. '건강 개념 알아보기'를 작성하여 현재 자신의 건강 생활 상태에 대해 확인해 보도록 한다. • 학생들이 작성한 건강 삼각형 모형을 모둠 안에서 발표하고 다른 친구들의 모형과 비교해 보도록 한다.	활동 2. 건강 개념 알아보기 • 선생님의 설명을 들으며 건강한 삶의 3가지 영역에 대해 생각해 본다. • 워크북: 활동 2. '건강 개념 알아보기'를 작성하여 현재 나의 건강 생활 상태가 균형을 이루고 있는지 확인한다. • 작성한 내용을 바탕으로 모둠의 다른 친구들의 건강 삼각형 모양과 비교해 본다.	강의참고자료 (ppt) 활용 워크북
	토의 및 제작	활동 3. 건강 생활 습관과 규칙 세우기 • 전지와 매직(사인펜)을 모둠별로 나누어준다. 지금부터 우리 몸을 더 건강하게 하기 위해 어떤 생활 규칙과 습관들이 필요한지에 대해 의견을 나누어 보도록 하겠습니다. 이 때 구체적으로 어떤 생활 규칙이 필요한지는 다음의 주제에 따라 생각해 보도록	활동 3. 건강 생활 습관과 규칙 세우기 • 나누어 준 전지와 매직(사인펜)을 받는다. • 활동지 윗부분에 활동 제목을 적고, 밑의 칸을	워크북 전지 매직(사인펜)

학습 단계 (시간)	주요 학습 활동	교수 · 학습활동		자료 및 유의점
		교사	학생	
		해요. 5가지 주제는 '충분하게 잠자기', '매일 꾸준히 운동하기', '균형 잡힌 식사하기', '내 감정 보살피기', '좋은 관계 만들기'입니다.	5 등분하여 각 주제를 적는다. • '충분하게 잠자기', '매일 꾸준히 운동하기', '균형 잡힌 식사하기', '내 감정 보살피기', '좋은 관계 만들기'의 5가지 주제로 구체적인 생활규칙을 만들어 목록을 적는다.	
		• 의견을 적는 방법에 대해 설명한다.		
		용지 활용법을 설명하겠습니다. 먼저 용지의 윗부분(약 10cm)에는 제목 '건강한 몸 만들기'를 적습니다. 그리고 밑에 칸을 5등분하여 각 칸의 제목 '충분하게 잠자기', '매일 꾸준히 운동하기', '균형 잡힌 식사하기', '내 감정 보살피기', '좋은 관계 만들기'를 적습니다. 이제 각 칸의 제목 밑에 어떻게 이러한 건강한 생활 습관을 기를 수 있을지에 대하여 모둠원들과 함께 생각하여 방법들을 적습니다.		
	발표	• 모둠별로 모둠 대표가 내용을 간단히 발표할 수 있도록 한다.	• 모둠 대표가 자신의 모둠에서 작성한 내용을 간단히 정리하여 발표한다. • 다른 모둠은 발표를 잘 경청한다. • 발표를 다 들은 후, 워크북 활동 3 '건강 생활 습관과 규칙 세우기'를 작성한다.	
		모둠 별로 정리한 '건강한 몸을 만들기' 위한 설계도 내용을 발표하도록 하겠습니다. 각 모둠의 대표가 나와서 간단히 우리 모둠의 핵심내용이 무엇인지 다른 모둠에게 소개해 주세요. 다른 모둠의 내용을 잘 듣고 우리 모둠 내용과 비교하면서 워크북에 나만의 생활 습관과 규칙 계획표를 완성해 보세요.		
		• 시간이 부족하면 한 모둠이 먼저 발표한 후, 다른 모둠은 앞 모둠과 다른 내용이나 추가할 내용만 발표하도록 한다. • 모둠 발표가 끝나면 교사는 5분 간 학생들이 활동지를 작성할 시간을 준다.		
정리 (5분)	학습 정리 및 차시 예고	**학습 내용 정리 및 평가** • 워크북 활동 3의 작성을 마감하고, 워크북: 정리 '스스로 평가해 보기'를 작성하도록 한다. 발표하느라 수고했습니다. 모둠별로 좋은 방안들이 많이 나왔네요. 마지막으로 워크북의 정리 '스스로 평가해 보기'를 작성하면서 오늘 학습한 내용을 정리하고, 수업에서 느낀 점을 적어봅시다.	**학습 내용 정리 및 평가** • 워크북: 정리 '스스로 평가해 보기'를 작성하며 학습한 내용을 정리한다.	워크북

학습 단계 (시간)	주요 학습 활동	교수 · 학습활동		자료 및 유의점
		교사	학생	
		• 지식이나 관심에는 비슷한 부분도 있고 사람에 따라 느끼거나 생각하는 점이 다른 부분도 있다는 것을 다시 한 번 설명한다. • 다음 시간에는 '자아존중감 향상'에 대해 학습할 것을 예고한다.		

6. 가정 및 지역사회와 연계한 활동

- 교사는 학급통신을 통하여 워크북 활동 내용을 바탕으로 학생이 세운 건강한 삶을 위한 생활 습관과 규칙을 가족에게 소개하고, 가정에서 이를 지켜나갈 수 있도록 학부모의 협조를 구한다.
- 학교 게시판 등에 학생들의 모둠 활동 내용을 공개하여 교내 다른 학생들도 건강한 몸과 생활에 대한 관심을 고취시키도록 한다.

7. 평가계획

평가	질문내용	응답		
자기 평가	건강의 개념에 대해 설명할 수 있나요?	우수	보통	노력
	신체적 건강과 정신적 건강, 사회적 건강의 중요성에 대해 설명할 수 있나요?	우수	보통	노력
	건강한 삶을 위해 어떤 생활 습관과 규칙이 필요한지 설명할 수 있나요?	우수	보통	노력
	오늘 수업에 적극적으로 참여했나요?	우수	보통	노력
상호 평가	우리 모둠은 마인드맵을 잘 표현했나요?	우수	보통	노력
	건강한 생활 습관과 규칙 세우기 활동을 가장 잘한 모둠은 어디인가요?			
	오늘 수업에서 가장 기억에 남는 것 한 가지를 적어봅시다.			
종합 평가	잘한 점		보완할 점	
수업 소감	오늘 수업에서 느낀 점은 무엇인가요?			

활동1 건강한 신체이미지와 올바른 자아이미지를 만들어요.

1. '건강' 주제를 중앙에 적고 연상되는 단어나 글을 쓴다.
2. 앞에서 쓴 단어나 글에서 또 다시 생각나는 단어나 글을 쓴다.
3. 수업에서 배운 것, 다른 사람에게 들은 것, 책에서 본 내용 등을 활용한다.
4. '주변에 건강하면 떠오른 사람' 또는 '건강한 사람의 생활습관', '건강한 음식', '운동' 등을 떠올려 보면서 적는다.

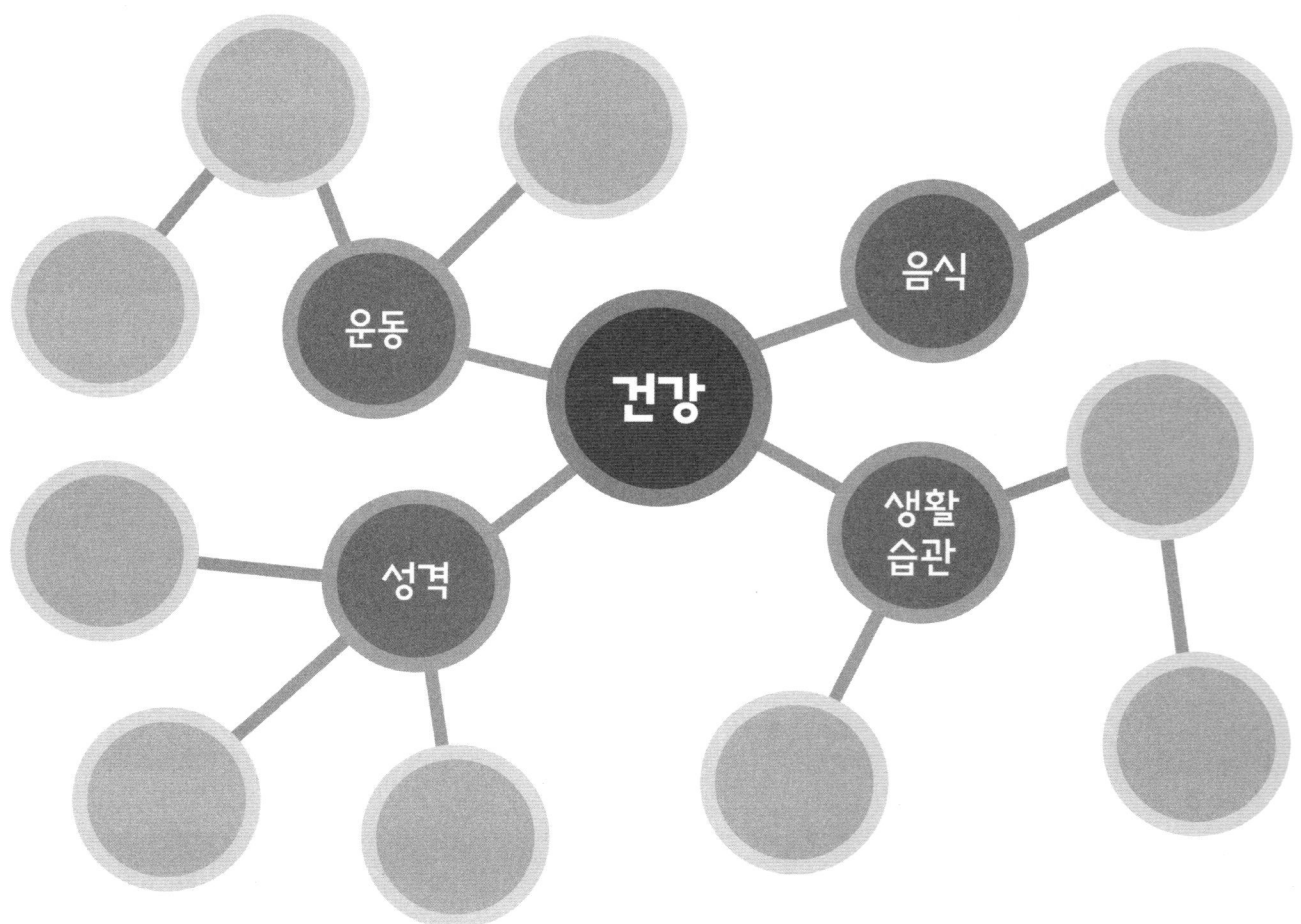

활동2 건강 개념 알아보기

내가 생각하는 나의 건강 점수는 몇 점인가요?
각 영역의 건강 점수에 표시를 한 후, 세 점수를 선으로 이어봅시다.
내 건강 삼각형은 어떤 모양인가요?

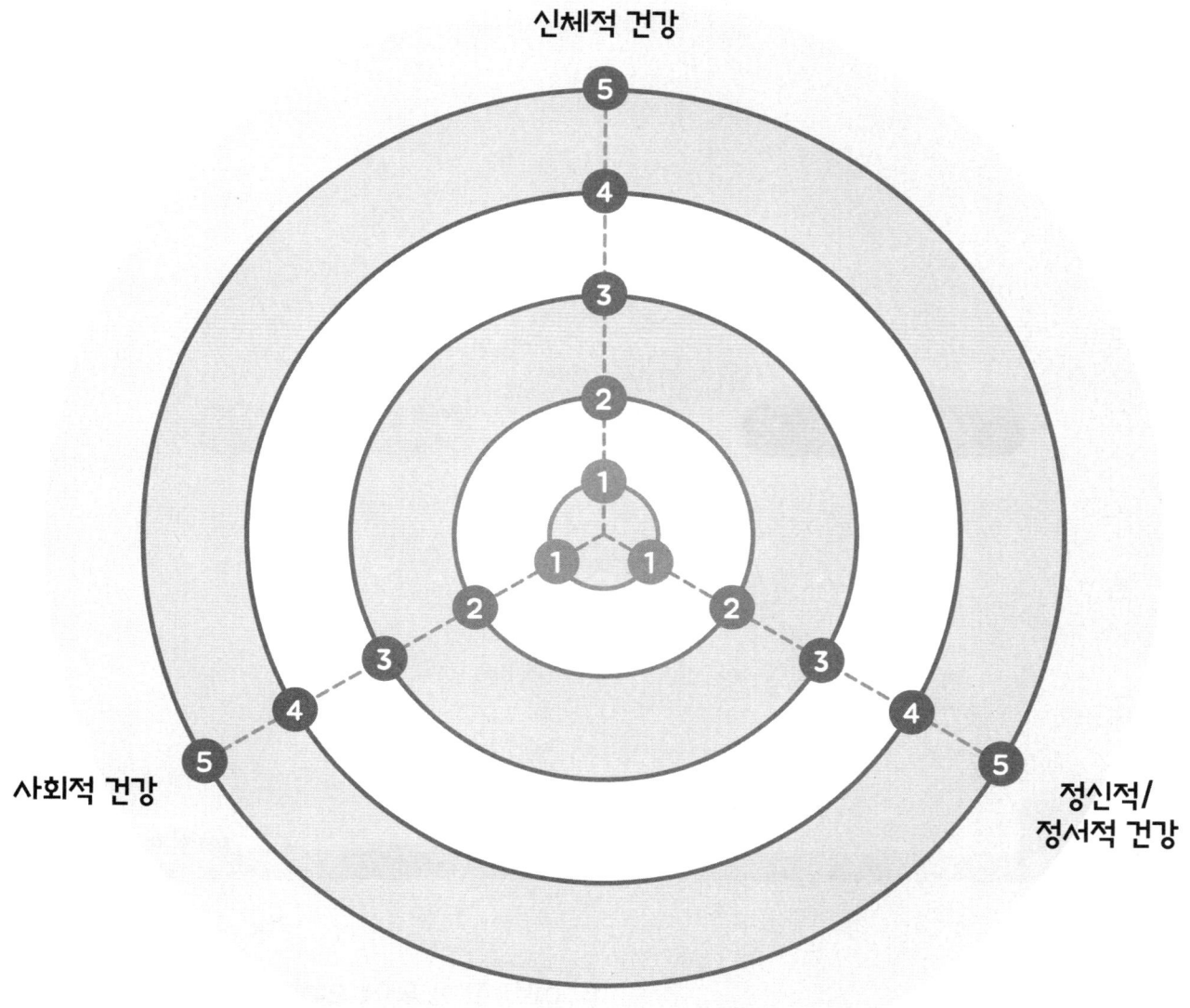

건강한 사람은 세 영역의 건강 점수가 모두 고르게 분포되어 넓은 정삼각형 모양을 보이는 균형 잡힌 큰 건강 삼각형 모양을 가지고 있습니다.

활동3 건강 생활규칙 세우기

1. 모둠 활동 토의를 통해 나온 건강 생활규칙 중에서 내게 필요한 생활규칙을 선택하여 적어봅시다.
2. 다 적은 후 앞으로 내가 적은 생활규칙을 잘 지킬 것은 다짐하면서 밑의 서약서에 서명을 해 봅시다.

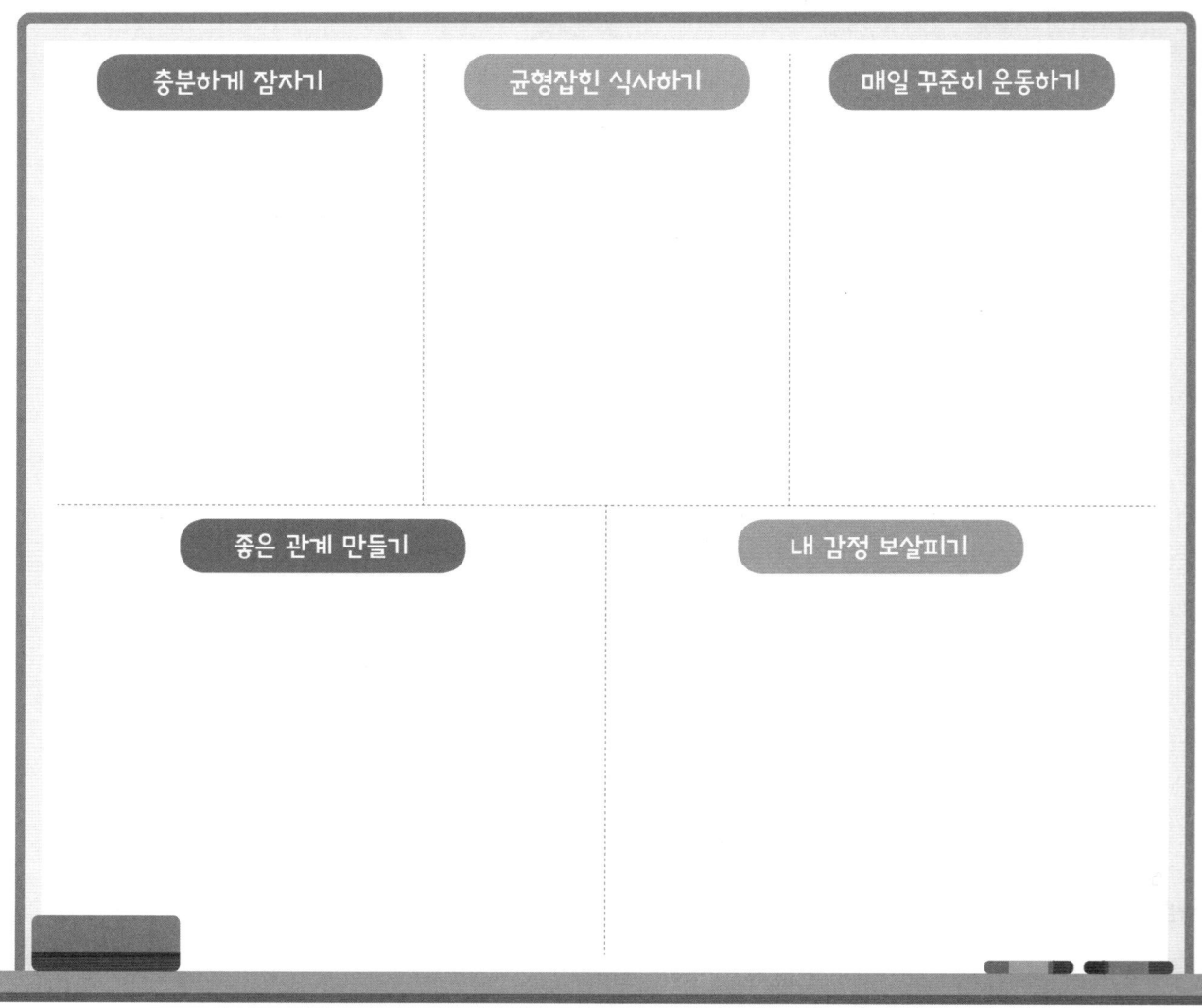

나(이름) _____는 이번 학기 동안 위에 적은 생활 규칙을 잘 지킬 것이다.

이름 _____

PART 02 자아존중감 향상

나와 타인에 대한 이해를 통해 자신을 사랑하고 타인을 배려할 수 있다.

1. 수업의 개관

인간은 사회적 존재로서 타인과 관계를 맺으며 살아간다. 나와 타인에 대한 이해는 이러한 사회를 살아가는데 있어 가장 기본이 되는 능력이다. 이 수업에서는 나와 다른 사람의 공통점과 차이점을 생각해 보는 시간을 가짐으로써 나에 대해 더 깊은 이해를 할 수 있고, 다른 사람과의 차이점을 인정함으로써 타인에 대한 배려심을 키울 수 있다.

2. 수업의 학습목표

① 내가 어떤 사람인지 알고, 나와 다른 사람의 공통점과 차이점이 무엇인지 말할 수 있다.
② 다른 사람의 장점을 파악하여 칭찬해 줄 수 있다.

3. 활동 내용 및 준비물

- 워크북: 활동 1 '자아존중감 검사하기'
- 워크북: 활동 2 '나와 다른 사람과의 공통점·차이점 찾기'
- 워크북: 활동 3 '칭찬메시지 적어주기'
- 전지(2절지)
- 매직(사인펜)
- 포스트잇

4. 주요 라이프스킬 개념

- 자아존중감
- 대인관계스킬(의사소통/경청)

자아존중감을 높이기 위해서는 먼저 자신에 대해 정확히 알고 자신감을 가지는 것이 중요하다. 다른 사람과 다른 나의 독특함을 찾아봄으로써 자신감을 높이고, 다른 사람과의 공통점을 찾아봄으로써 사회공동체 일원으로서 '우리'라는 정체감을 갖도록 한다. 다른 사람과 의사소통을 하면서 공감과 협상 등 대인관계 스킬을 학습하게 된다.

5. 교수-학습과정

수업명	2. 자아존중감 향상		활동시간	40 분
학습주제	나와 다른 사람에 대한 이해를 통해 나를 더 사랑하고 다른 사람을 배려하기			
학습목표	① 내가 어떤 사람인지 알고, 나와 다른 사람의 공통점과 차이점이 무엇인지 말할 수 있다. ② 다른 사람의 장점을 파악하여 칭찬해 줄 수 있다.			
수업전략	주 활동:	활동 2. 나와 다른 사람과의 공통점·차이점 찾기 [모둠활동] 활동 3. 칭찬메시지 적어주기 [모둠활동]		
	선택 활동:	활동 1. 자아존중감 검사하기 [개별활동]		
	• 3~4 명으로 모둠을 편성하여 나와 다른 사람의 공통점과 차이점을 찾아 정리한다. • 정리된 내용을 바탕으로 같은 모둠에 속한 모둠원의 장점에 대해 칭찬카드를 작성해 서로 나누도록 한다. • '자아존중감' 검사지 작성을 통해 스스로 자신을 얼마나 가치 있다고 생각하는지 확인해 본다.			
교수·학습 활동 및 자료	활동지	워크북: 활동 1 '자아존중감 검사하기' 워크북: 활동 2 '나와 다른 사람과의 공통점·차이점 찾기' 워크북: 활동 3 '칭찬메시지 적어주기'	라이프스킬 주 개념	자아존중감 대인관계스킬
	준비물	전지(2절지) 매직(사인펜) 포스트잇		

학습 단계 (시간)	주요 학습 활동	교수·학습활동 교사	교수·학습활동 학생	자료 및 유의점
도입 (7분)	모둠 편성	**모둠 구성 활동** • 3~4명으로 모둠을 구성하여 앉도록 하고, 모둠 대표를 선정하게 한다.	**모둠 만들기** • 3~4명으로 모둠을 구성한다. • 모둠을 만들고 자리에 앉아 모둠별 발표자를 정한다.	
	동기 유발	**함께 생각해 보기: 자존감이 높은 사람 vs 낮은 사람** • 강의참고자료(ppt)를 활용하여 자존감이 높은 사람과 낮은 사람의 특징에 대해 묻고 어떤 차이가 있는지 내용을 간단히 설명한다. 강의자료에 나와 있는 설명문 2가지는 각각 어떤 사람의 특징을 설명하는 걸까요? 나랑 더 어울리는 설명은 어느 쪽인가요? 하나는 자존감이 높은 사람의 특징을 설명한 것이고, 다른 하나는 자존감이 낮은 사람의 특징을 설명한 것입니다.	**함께 생각해 보기: 자존감이 높은 사람 vs 낮은 사람** • 강의참고자료(ppt)에 제시된 문구를 보고 질문에 답한다. • 자존감이 높은 사람과 낮은 사람은 어떤 차이가 있는지 선생님의 설명을 듣는다.	강의참고자료 (ppt) 활용
	개념 이해	• 자아존중감이 무엇인지 강의참고자료 (ppt)를 참고하여 설명한다. 자아정체성은 다른 사람과 구분되는 자기만의 고유한 물리적, 사회적, 심리적 특성을 말합니다. 자신이 누구이며 무엇을 하는 사람이며, 장차 어떤 사람이 될 것인가에 대해 개인이 가지고 있는 자기 자신에 대한 생각과 믿음을 말합니다. 나는 누구인지를 탐색해 보는 것은 이러한 남과는 구분되는 나의 자아정체성을 찾아가는 과정입니다. 내꿈이 무엇인지, 내 흥미는 무엇인지, 내가 잘 하는 것은 무엇인지 등을 찾아나가는 것을 통해 나를 더 사랑하게 되고 나에 대한 자신감을 가질 수 있습니다. 자아존중감을 높은 사람은 자신감이 있고, 자기 행동에 대하여 책임을 질 줄 알고, 자신이 이루고 싶은 목적을 잘 설정하고, 이를 미래에 달성하기 위한 이상을 가지며 주위의 도움과 정보를 잘 이용할 수 있습니다. 그러나 자아존중감 낮은 사람은 부정적인 자	• 자아존중감에 대한 설명을 잘 듣는다.	

학습 단계 (시간)	주요 학습 활동	교수·학습활동		자료 및 유의점
		교사	학생	
	학습 목표 확인	기 태도를 가지게 되고 이러한 부정적인 자기태도로 인하여 소심함과 억압감을 느끼기 쉽습니다. 또 실패를 두려워하여 도전감이나 모험심이 적고 타인에 대해 불필요하게 의식하거나 의존심이 많아 문제를 스스로 해결하기 어렵습니다. **학습목표 제시** • 나에 관한 이해와 관심의 시작점인 자아존중감에 관한 학습목표를 설명한다. 이번 시간에는 자아존중감에 대해 학습하는 시간입니다. 자아존중감은 나에 대한 스스로의 확신과 기대를 바탕으로 하는 것입니다. 우리는 어떤 친구를 보면서 '저 친구 참 자신감 넘치는구나' 하고 생각하나요? 오늘 수업시간에는 나는 어떤 사람인가에 대해 깊이 생각해 보고, 또 나와 다른 친구는 무엇이 다르고, 무엇이 같은지를 알아보는 시간을 갖도록 하겠습니다. 이 시간을 통해 공동체인 사회에서 다른 사람을 이해하고 배려하는 마음과 공동체 안에서 나의 특별함에 대해 생각해 보겠습니다. ① 내가 어떤 사람인지 알고, 나와 다른 사람의 공통점과 차이점이 무엇인지 말 할 수 있다. ② 다른 사람의 장점을 파악하여 칭찬해 줄 수 있다.	**학습목표 확인하기** • 설명을 잘 듣는다. • 자아존중감에 대한 학습 목표를 확인한다.	
전개 (30분)	학습 활동 안내	**학습활동 안내** **활동 1. 자아존중감 검사하기** **활동 2. 나와 다른 사람과의 공통점·차이점 찾기** **활동 3. 칭찬메시지 적어주기**	**학습활동 인지**	워크북 강의참고자료 (PPT) ※활동 1은 수업 시간을 고려하여 교사 재량에
	개별 활동	**활동 1. 자아존중감 검사하기** • 학생들이 워크북의 '자아존중감 검사지'를 작성하도록 한다.	**활동 1. 자아존중감 검사하기** • 워크북의 '자아존중감 검사지'를 작성한다.	

학습 단계 (시간)	주요 학습 활동	교수 · 학습활동 교사	교수 · 학습활동 학생	자료 및 유의점
	토의 및 제작	워크북에 있는 자아존중감 검사지를 작성해 보도록 하겠습니다. 이 검사지는 맞고 틀린 정답이 있는 것이 아닙니다. 내가 얼마나 나 자신을 알고 사랑하고 있는지를 확인해 보는 것입니다. 각 문항을 읽고 자신의 생각과 비슷한 곳에 동그라미표를 하세요. • 학생들이 검사지를 작성하도록 시간을 준 후, 스스로 채점해 보도록 한다. • 자아존중감 검사를 통해 내가 나를 얼마나 가치 있는 사람이라고 생각하고 존중하는지 스스로 확인해 보는 시간을 가지도록 한다. **활동 2. 나와 다른 사람과의 공통점·차이점 찾기** • 개인마다 충분한 포스트잇을 나누어준다. • 나를 대표하는 긍정적인 단어 10가지를 한 가지씩 포스트잇에 적도록 한다(예. 활기참, 긍정적, 말이 많음, 키가 큼 등). 이 때 적는 단어는 특별한 제한 없이 신체적, 성격적 특징 등이 모두 해당됨을 강조하여 설명한다. • 학생이 적기 어려워할 경우, 강의참고자료(PPT)의 '나를 표현하는 단어들'을 참고하도록 안내한다. 지금부터 나누어진 포스트잇에 나를 표현할 수 있는 긍정적인 단어를 적어보도록 합시다. 포스트잇 한 장에 한 가지씩만 적고, 이 때 적는 단어에는 아무 제한이 없고 긍정적인 표현이면 괜찮습니다. 예를 들어 외모적인 부분이거나 성격적인 부분 모두 해당됩니다. 나를 잘 나타내는 단어 10가지를 생각해 적어봅시다. • 전지와 매직(사인펜)을 모둠 별로 나누어준다.	• 자신이 동그라미 친 곳의 숫자를 모두 더하여 자아존중감 점수를 계산한다. **활동 2. 나와 다른 사람과의 공통점·차이점 찾기** • 활동에 대한 설명을 잘 듣는다. • 나누어 준 전지와 매직(사인펜)을 받는다. • 전지에 모둠원 수만큼 가운데 부분이 겹치도록 칸을 나누고 각각의	따라 선택하여 할 수 있다. ※ 검사 점수의 높고 낮음이 시험점수처럼 받아들여지지 않도록 자아존중감의 의미와 검사 결과의 의미를 다시 한 번 전달한다. 강의참고자료(PPT) 전지, 매직(사인펜), 포스트잇 (※ 개인이 받는 포스트잇 색상은 같도록 하고, 각각의 모둠원들이 서로 다른색을 사용하여 구별될 수 있게 한다). -모둠 활동지 예시

학습 단계 (시간)	주요 학습 활동	교수 · 학습활동		자료 및 유의점
		교사	학생	
		지금부터 활동지를 받고 모둠원 수만큼 가운데 부분이 겹치도록 칸을 나눕니다. 나눈 칸의 각각의 모서리 부분에 각자 이름을 씁니다. 이제 자신이 적은 포스트잇 내용과 다른 모둠원이 적은 내용을 비교해 보면서 서로 겹친 것들이 있는지 살펴봅시다. 겹친 것들은 전지 중앙의 원 안에 붙이도록 하고, 그 외의 것들은 내 이름이 쓰여 있는 칸에 붙이도록 합니다. 다 분류하여 붙인 다음 다시 한 번 포스트잇 내용을 보면서 내가 다른 사람과 비슷한 점은 무엇이고, 나만이 가지고 있는 특별한 점은 무엇인지 정리해 봅시다.	모서리 부분에 이름을 쓴다. • 포스트잇 내용을 서로 비교해 본 후 공통점은 원 안에 붙이고 나머지는 내 이름 칸에 붙인다.	
	모둠 내 발표	• 모둠 안에서 전지에 정리된 내용을 정리하여 서로 나누도록 한다. 모둠 안에서 각자 자신을 설명하는 단어들이 무엇이고, 이 중 다른 사람들과 공통되는 것, 그리고 나만 가지고 있는 것이 무엇인지 간단히 모둠원들에게 설명해 줍니다.	• 모둠원들이 차례로 자신이 적은 것 중 다른 친구들과 공통된 것과 나만이 적은 것이 무엇인지 간단히 다른 모둠원들에게 설명한다.	
	전체 발표	• 모둠 별로 나눈 내용을 모둠 대표가 정리하여 공통점과 각 개인의 특별한 점 1~2 가지를 간단히 반 전체에 발표한다. 모둠 대표가 전지에 정리된 내용을 보면서 먼저 모둠원의 공통점을 설명합니다. 끝나면 이번에는 모둠원들이 자신이 가지고 있는 특별함에 대해 다른 친구들에게 소개해 보도록 합시다.	• 모둠 대표가 공통점에 대해 간단히 발표한 후, 다른 모둠원들이 자신의 특별한 점에 대해 발표한다.	
	토의 및 제작	**활동 3. 칭찬메시지 적어주기** • 앞서 한 활동 2. '나와 다른 사람과의 공통점·차이점 찾기'의 전지를 모둠이 함께 볼 수 있도록 펼쳐 놓는다. • 활동 2의 전지 내용을 참고하여 다른 모둠원이 가진 특별한 점 하나를 선택하여 해당 친구의 워크북에 칭찬메시지를 작성하도록 안내한다.	**활동 3. 칭찬메시지 적어주기** • 활동 2의 내용을 참고하여 다른 모둠원의 특별한 점을 칭찬해 주는 칭찬메시지를 해당 친구의 워크북에 작성한다.	워크북 ※칭찬메시지는 내가 속한 모둠원 모두에게 적어주어 소외되는 사람이 나오지 않도록 지도한다.

학습 단계 (시간)	주요 학습 활동	교수 · 학습활동 교사	교수 · 학습활동 학생	자료 및 유의점
		지금은 같은 모둠에 있는 친구를 위한 칭찬메시지를 적어 친구에게 선물해 주는 시간입니다. 앞에서 실시한 모둠 활동의 내용을 참고해서 다른 친구의 칭찬해 주고 싶은 특별한 점 하나를 골라봅시다. 그 내용을 그 친구의 워크북에 칭찬메시지로 작성합니다.		
		• 칭찬메시지를 작성한 후 친구에게 선물하는 방법을 설명한다. 다 적었나요? 그럼 친구에게 "너의 이런 점 칭찬해"라고 말하며 칭찬메시지를 읽어 선물해 줍니다. 모둠원 모두에게 모두 돌아가며 칭찬의 말을 선물합니다.	• 친구에게 "너의 이런 점 칭찬해"라고 하며 칭찬메시지를 읽어준다.	
정리 (3분)	학습 정리 및 차시 예고	**학습 내용 정리 및 평가** • 워크북: 정리 '스스로 평가해 보기'를 작성하면서 자아존중감과 관련한 학습내용을 정리해 보도록 한다. • 다음 시간에는 '스트레스(불안·분노) 대처'에 대해 학습할 것을 예고한다.	**학습 내용 정리 및 평가** • 워크북: 정리 '스스로 평가해 보기'를 작성하면서 학습한 내용을 정리한다.	워크북

6. 가정 및 지역사회와 연계한 활동

• 교사는 학급통신을 통하여 가정에서 부모와의 유대감이 학생의 높은 자아존중감 형성에 많은 영향을 미친다는 점을 안내하고, 활동 2 '나와 다른 사람과의 공통점·차이점 찾기'의 내용과 학생의 자아존중감 검사 결과에 대해 가정에 소개한다. 이를 바탕으로 가정에서도 학생의 자아존중감을 고취시킬 수 있도록 학생의 특별한 점, 장점을 칭찬해 주는 시간을 갖도록 협조를 구한다.

7. 평가계획

평가	질문내용	응답		
자기 평가	나는 어떤 사람이라고 다른 사람에게 설명할 수 있나요?	우수	보통	노력
	나는 다른 사람과 어떤 점이 다른지 설명할 수 있나요?	우수	보통	노력
	모둠 친구들에게 칭찬메시지를 적어 적극적으로 선물했나요?	우수	보통	노력
상호 평가	우리 모둠은 오늘 수업 활동에 활발히 참여했나요?	우수	보통	노력
	오늘 수업에서 내가 받은 칭찬메시지 내용을 적어봅시다.			
종합 평가	잘한 점		보완할 점	
수업 소감	오늘 수업에서 느낀 점은 무엇인가요?			

활동1) 자아존중감 검사하기 (교사용 검사 지침)

1. 검사지 원출처: Rosenberg (1965)가 개발한 것을 전병제(1974)가 번안한 것으로 개인의 자아 존중 정도와 자아 승인 양상을 측정하는 검사
2. 실시 방법: 자기 보고식, 해당 사항을 4점 척도상에 표시
3. 채점 방법: 긍정적 문항(1, 2, 4, 6, 7번)에 대한 응답은 4점 척도 기준으로 해당 점수를, 부정적 문항(3, 5, 8, 9, 10번)에 대한 응답은 역채점을 하여 해당 점수를 합산한다.
4. 해석 지침: 총점의 범위는 10~40점으로 점수가 높을수록 자아존중감이 높은 것을 의미한다.

번호	문항	대체로 그렇지 않다	보통이다	대체로 그렇다	항상 그렇다
1	나는 가치 있는 사람이라고 생각한다.				
2	나는 좋은 성격을 가졌다고 생각한다.				
3	나는 대체로 실패한 사람이라는 느낌이 든다.				
4	나는 대부분의 사람들과 같이 일을 잘 할 수 있다.				
5	나는 자랑할 것이 별로 없다.				
6	나는 내 자신에 대하여 긍정적인 태도를 가지고 있다.				
7	나는 내 자신에 대하여 대체로 만족한다.				
8	나는 내 자신을 좀 더 존경할 수 있었으면 좋겠다.				
9	나는 가끔 내 자신이 쓸모없는 사람이라는 느낌이 든다.				
10	나는 때때로 내가 좋지 않은 사람이라고 생각한다.				

나의 자아존중감 점수는 (   )점

활동2 나와 다른 사람과의 공통점과 차이점 찾기

1. 아래의 예시를 참고하여 포스트잇에 나를 표현하는 긍정적인 단어를 10가지 적어봅시다.

> **예시** 유쾌함, 용기 있음, 긍정적임, 말이 많음, 키가 큼, 노래를 잘함, 활기참, 적극적임, 목소리가 큼, 손재주가 많음 등등

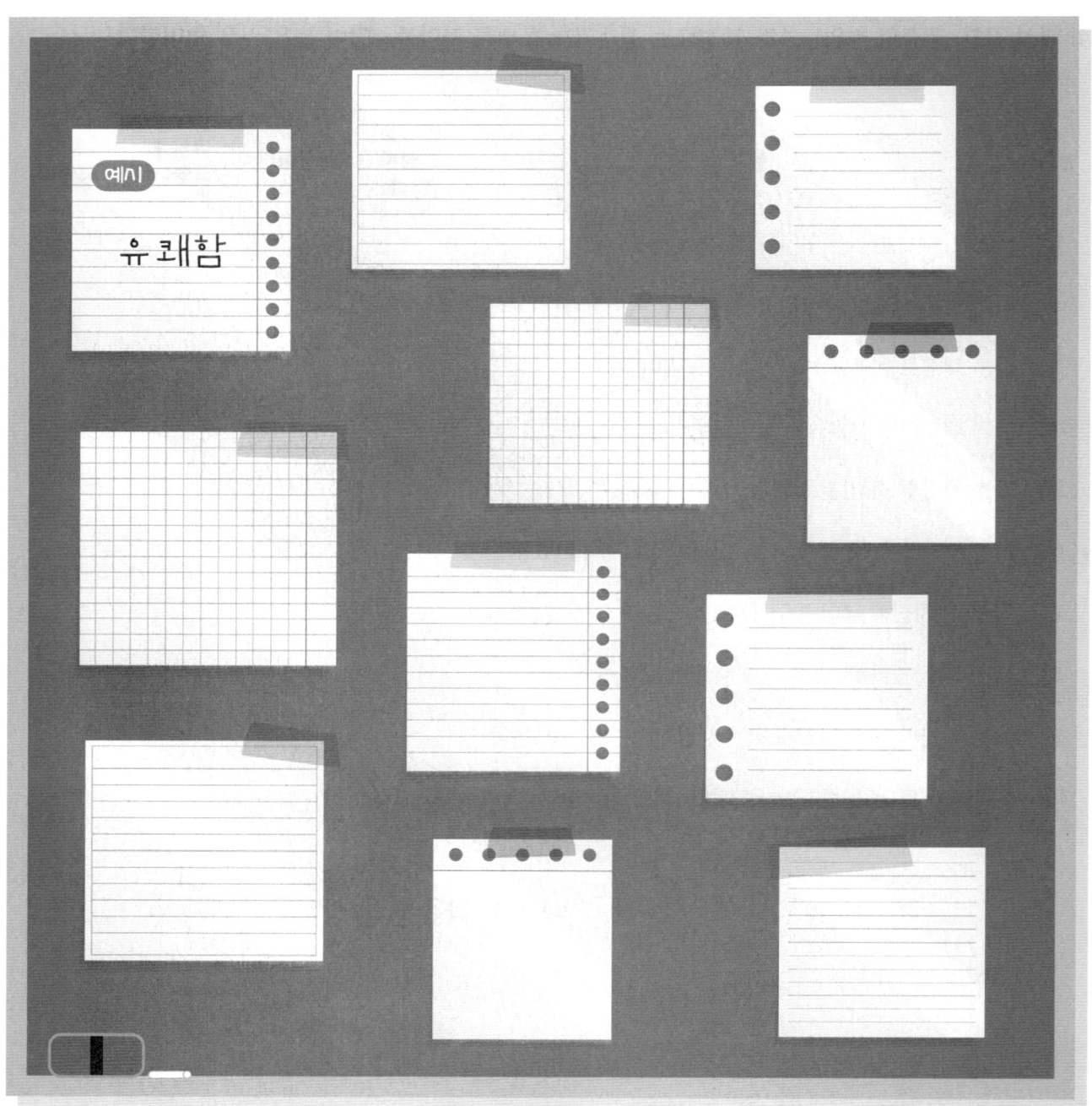

활동3 칭찬메시지 적어주기

1. 같은 모둠에 있는 친구를 위한 칭찬카드를 작성하여 선물해 줍시다.
2. 모둠 활동을 통해 알게 된 친구의 장점이나 특별한 점을 하나 골라 칭찬카드에 적어봅시다.

칭찬해요! '나는 (   )'

PART 03 스트레스(불안·분노) 대처

스트레스 반응을 자연스럽게 받아들이고 바르게 대처한다.

1. 수업의 개관

청소년기에는 변화하는 몸에 대한 불안감과 더불어 진로와 공부에 대한 고민, 교우관계 혹은 학교생활에서 오는 어려움 등 자신과 주변 환경으로부터 기인한 스트레스에 민감하게 반응한다. 이러한 스트레스 때문에 느끼는 불안감과 분노가 인간의 자연스러운 감정임을 인지하는 것은 중요한 일이다. 이 수업을 통해 청소년기 신체와 정서의 불완전성으로 인해 과도하게 느낄 수 있는 스트레스 증상을 완화시킬 수 있는 대처법을 알게 됨으로써 이를 자연스럽게 받아들이고, 이 시기를 긍정적인 자기개발의 시기로 보낼 수 있다.

2. 수업의 학습목표

① 스트레스의 개념과 증상이 무엇인지 말할 수 있다.
② 스트레스를 바르게 대처하는 방법을 알고 실행할 수 있다.

3. 활동 내용 및 준비물

- 워크북: 활동 1 '스트레스 개념과 증상 알아보기'
- 워크북: 활동 2 '스트레스 상황과 대처법'
- 워크북: 활동 3 '스트레스를 날리는 콜라주 만들기'
- 모둠구성용 뽑기통 및 뽑기 종이
- 색종이 또는 작은 사이즈 색지
- 빈 박스(쓰레기통 대용품)
- 콜라주용 4절지
- 매직(사인펜), 색연필
- 가위, 풀, 테이프
- 콜라주용 잡지 또는 그림·사진책

4. 주요 라이프스킬 개념

- 자아존중감
- 스트레스대처스킬
- 목표설정스킬

몸과 정서의 발달로 인한 변화가 시작되는 시기인 사춘기에는 변화에 민감하게 되고 자신을 둘러싼 환경에도 민감히 반응하게 된다. 이로 인한 스트레스에서 오는 불안과 화를 긍정적인 방향으로 전환하여 자기개발에 활용할 수 있도록 스트레스대처스킬과 목표설정스킬을 학습하게 된다.

5. 교수-학습과정

수업명	3. 스트레스(불안·분노) 대처		활동시간	40 분
학습주제	스트레스 반응을 자연스럽게 받아들이고, 바르게 대처하기			
학습목표	① 스트레스의 개념과 증상이 무엇인지 말할 수 있다. ② 스트레스를 바르게 대처하는 방법을 알고 실행할 수 있다.			
수업전략	주 활동:	활동 1. 스트레스 개념과 증상 알아보기 [개별활동] 활동 2. 스트레스 상황과 대처법 [개별활동]		
	선택 활동:	활동 3. 스트레스를 날리는 콜라주 만들기 [개별활동]		
	• 모둠 편성용 뽑기를 이용하여 5~6인으로 모둠을 편성하여 스트레스 상황과 이 때 나타날 수 있는 증상에 대하여 생각해 보도록 한다. • 건전한 취미 생활은 스트레스에 대처하는 장기적인 방법 중 하나이므로 나의 현재의 흥미를 취미 활동으로 개발할 수 있는 기회를 갖는다. • 수업 내용을 정리하면서 스트레스 증상 완화를 위한 호흡법을 실습해 본다.			
교수·학습 활동 및 자료	활동지	워크북: 활동 1 '스트레스 개념과 증상 알아보기' 워크북: 활동 2 '스트레스 상황과 대처법' 워크북: 활동 3 '스트레스를 날리는 콜라주 만들기'	라이프스킬 주 개념	자아존중감 스트레스대처스킬 목표설정스킬
	준비물	모둠구성용 뽑기통 및 뽑기 종이 색종이 또는 작은 사이즈 색지 빈 박스(쓰레기통 대용품) 콜라주용 4절지 매직(사인펜), 색연필 가위, 풀, 테이프 콜라주용 잡지 또는 그림·사진책		

학습 단계 (시간)	주요 학습 활동	교수·학습활동 교사	교수·학습활동 학생	자료 및 유의점
도입 (5분)	모둠 편성	**모둠 구성 활동: 취미 활동과 관련된 쪽지 뽑기** • 뽑기 게임을 통해 모둠을 편성한다. • 한 사람당 한 장의 쪽지(종이)를 뽑게 한다. • 모둠 만드는 법을 설명한다. 뽑은 카드에 나와 있는 내용이 비슷한 사람끼리 5~6명의 모둠을 만듭니다. 예를 들어, 농구, 축구와 같은 운동 활동을 뽑은 사람끼리, 힙합, r&b 등 음악 감상 활동을 뽑은 사람끼리 같은 모둠이 됩니다. 모둠이 만들어졌으면 자리에 앉아 대표를 선정하세요.	**모둠 만들기** • 뽑기통(또는 봉투)에서 종이조각을 꺼내 같은 종류의 활동 쪽지를 갖고 있는 사람을 찾아 모둠을 만든다. • 모둠을 만들고 자리에 앉아 전체 사회자와 모둠별 발표자를 정한다.	모둠편성용 쪽지와 뽑기통 ※모둠편성용 쪽지는 스트레스 대처 방안 중에 같은 활동에 속하는 내용을 분류 기준으로 함 (예. 운동, 게임, 독서 등)
	동기 유발	**스트레스 상황 경험하기** • 스트레스를 느낄 수 있는 상황을 조성하여 그 때의 느낌과 증상을 적어보게 한다. 이번 시간 수업을 시작하기 전에 우리가 그 동안 배웠던 라이프스킬로 배우는 건강 톡톡에 대해 쪽지시험을 보도록 하겠습니다. 지금부터 10분간 복습하면서 시험 준비할 시간을 주도록 하겠습니다. ...1분 지났습니다... ...2분 지났습니다... • 10분여 정도 시험 준비할 시간을 준다고 공지한 후 실제로는 2분 정도가 지난 후, 실제 쪽지시험은 없다고 공지한다.	**스트레스 상황 경험하기**	*※시험 준비시간은 10분이라고 안내하나, 실제로는 2분 후 쪽지시험이 없음을 공지한다.* ※타이머 앱 등을 이용하여 학생들에게 시간적 압박을 주어 시험 준비에 대한 긴장감을 더욱 고조시키는 방법도 사용할 수 있다.
	학습 목표 확인	**학습목표 제시** • 스트레스 대처에 관한 학습목표를 설명한다. 이번 시간에는 이러한 스트레스로 인해 내 몸에 나타나는 증상이 무엇인지 살펴보고, 스트레스에 잘 대처하기 위한 방법에는 무엇이 있을지 알아보겠습니다. ① 스트레스의 개념과 증상이 무엇인지 말할 수 있다. ② 스트레스를 바르게 대처하는 방법을 알고 실행할 수 있다.	**학습목표 확인하기** • 설명을 잘 듣는다. • 스트레스 대처에 대한 학습목표를 확인한다.	강의참고자료 (PPT)

학습 단계 (시간)	주요 학습 활동	교수·학습활동		자료 및 유의점
		교사	학생	
전개 (30분)	학습 활동 안내	**학습활동 안내** **활동 1. 스트레스 개념과 증상 알아보기** **활동 2. 스트레스 상황과 대처법** **활동 3. 스트레스를 날리는 콜라주 만들기**	학습활동 인지	
	개별 활동	**활동 1. 스트레스 개념과 증상 알아보기** • 쪽지시험을 본다고 들었을 때 어떤 느낌이었는지, 신체의 반응이 어땠는지 물어본다. > 조금 전 쪽지시험이 있다고 들었을 때 어떤 느낌이 들었나요? 몸에 변화가 나타나는 것이 느껴졌나요? 어떤 느낌이나 신체 변화가 느껴졌는지 발표해 봅시다. • 강의참고자료(PPT)의 내용을 참고하여 스트레스의 개념을 퀴즈 형식으로 내어 학생들이 개념을 인지할 수 있도록 한다. > 스트레스란 인간이 심리적 혹은 신체적으로 감당하기 어려운 상황에 처했을 때 느끼는 불안과 위협의 감정입니다. 우리는 일상생활에서 혹은 학교생활에서 많은 스트레스를 받게 됩니다. • 갑작스러운 쪽지시험 보기와 같은 감정적 혹은 갑작스러운 신체적 위협 상황에서 몸에 느껴지는 변화 증상을 떠올려 보도록 한다. 이를 바탕으로 워크북: 활동 1 '스트레스 증상 알아보기'를 작성하도록 지도한다. > 수업 시작할 때 갑자기 쪽지시험을 본다고 하였는데, 이 때 느껴졌던 감정 변화나 신체 증상을 떠올려 보고, 이를 활동지에 적어봅시다. • 학생들이 작성을 마치면, 스트레스로 인해 발생하는 부정적 감정이나 신체 증상의 발현이 자연스러운 것임을 설명한다.	**활동 1. 스트레스 개념과 증상 알아보기** • 스트레스를 받는 상황에서 느껴지는 감정이나 신체의 증상을 발표한다. • 강의자료에서 선생님이 말씀하시는 내용을 바탕으로 어떤 개념을 의미하는지 유추해 본다. • 스트레스를 받는 상황에서 느껴지는 감정이나 신체의 증상을 인지하여 워크북에 작성한다.	강의참고자료 (PPT) 워크북

학습 단계 (시간)	주요 학습 활동	교수·학습활동		자료 및 유의점
		교사	학생	
		여러분이 느낀 불안 혹은 화남이 바로 스트레스로 인한 감정입니다. 이러한 감정의 발현은 사람이 심리적 혹은 신체적으로 감당하기 어려운 상황에 놓였을 때 신체가 반응하는 지극히 자연스러운 현상입니다. 그렇기 때문에 이러한 감정을 바르게 표출하고 적절히 대처하는 것이 중요합니다.		※스트레스란 인간이 심리적 혹은 신체적으로 감당하기 어려운 상황에 처했을 때 느끼는 불안과 위협의 감정임을 강조한다.
	개별 활동	**활동 2. 스트레스 상황과 대처법** • 워크북: 활동 2 '스트레스 상황과 대처법'을 작성하도록 지도한다. 지금부터 내가 어떤 상황에서 스트레스를 받는지 적어보고, 다 적은 후 가장 스트레스를 느끼는 상황부터 순위를 매겨봅시다. 다 적었으면 옆 칸에는 스트레스를 풀기 위해 내가 쓰는 방법들을 적어봅시다. • 모든 학생이 다 썼는지 확인한 후 옆의 친구와 작성한 내용에 대해 서로 이야기 해 보도록 한다. 옆의 친구와 작성한 내용을 비교해 보면서 서로 스트레스 받는 상황이나 내용이 어떻게 다른지 알아보고, 또 내가 몰랐던 친구의 좋은 스트레스 대처 방법이 무엇인지 서로 의견을 나눠보도록 합시다.	**활동 2. 스트레스 상황과 대처법** • 내가 스트레스 받는 상황들을 워크북 활동 2에 적는다. • 내가 스트레스를 받을 때 이를 풀기 위해 쓰는 방법들을 워크북 활동 2에 적는다. • 친구들과 서로의 의견을 나눈다.	워크북
	실습	• 스트레스 대처법 중 하나를 실습해 보도록 한다. • 자신이 적은 스트레스 상황 중 높은 순위 3 가지를 색지에 하나씩 크게 적게 한다. • 스트레스가 내 마음 속에서 없어진다고 생각하면서 색지를 구겨서 쓰레기통에 버리게 한다. 그럼 이제 각자 색지 종이를 받습니다. 받은 종이에 아까 적었던 스트레스 상황 중 내가 가장 스트레스를 받는다고 생각해 높은 순위를 주었던 상황 3가지를 하나씩 색지에 크게 적습니다. 그리고 스트레스가 내 마음 속에서 없어져 마음 밖의 쓰레기통으로 버려진다고 생각하면서 종이를 구겨서 쓰레기통으로 버립니다.	• 색지를 각자 3장씩 받는다. • 종이에 내가 느끼는 높은 스트레스 3 순위까지 한 장에 하나씩 적는다. • 종이를 구겨서 쓰레기통에 버린다.	색지, 빈 박스 (쓰레기통 대용) ※스트레스 완화법에는 호흡법이나 종이 구기기 같은 즉각적인 심신 안정을 꽤하는 방법과 취미 활동 등을 통

학습 단계 (시간)	주요 학습 활동	교수·학습활동 교사	교수·학습활동 학생	자료 및 유의점
		• 화가 나거나 불안감이 심할 때 그 원인을 자꾸 생각하지 말고 마음속에서 잠시 잊는 것이 안정을 빨리 찾을 수 있는 좋은 방법임을 안내한다.		해 스트레스 유발 요인이나 환경을 제거하는 장기적인 방법으로 구분된다.
	제작	**활동 3. 스트레스를 날리는 콜라주 만들기** • 콜라주용 종이와 잡지 또는 그림/사진책, 가위, 풀 등을 준비한다. • '내가 관심 있는 것들'과 '내 취미생활'을 주제로 관련 있는 그림이나 사진 등을 잡지나 책에서 찾아 콜라주 작업을 한다. 지금부터 콜라주용 종이에 나의 관심사와 취미생활에 대한 주제로 콜라주를 만들겠습니다. 콜라주는 관련 있는 사진이나 인쇄물을 풀로 붙여 만드는 미술 기법입니다. 이번 시간에는 ''내가 관심 있는 것들'과 '내 취미생활'을 주제로 가지고 온 잡지나 그림책에서 관련 있는 그림이나 사진을 찾아 내 취미생황을 잘 소개할 수 있는 콜라주 작품을 만들어 보겠습니다. • 학생들이 자신의 취미가 무엇인지 설명하기 어려워할 경우, 현재 흥미 있어 하는 것을 바탕으로 취미 습관을 만들어 갈 수 있도록 지도한다. • 건전한 취미생활은 일상생활에서 오는 스트레스를 줄여주고 취미 생활을 통해 스트레스 증상을 완화하는 효과가 있음을 안내한다.	**활동 3. 스트레스를 날리는 콜라주 만들기** • 콜라주용 종이를 받고, 잡지 또는 그림/사진책, 가위, 풀 등을 준비한다. • '내가 관심 있는 것들'과 '내 취미 생활'을 주제로 그림과 사진 등을 찾아 붙인다.	콜라주용 4절지, 매직(사인펜), 색연필, 가위, 풀, 테이프 잡지 또는 그림/사진책 ※활동 3은 수업 시간을 고려하여 교사 재량에 따라 선택하여 할 수 있다.
	전체 발표 및 전시	• 학생들이 작성한 콜라주 작품을 교실에 전시하여, 반 학생들이 다른 사람의 작품을 볼 수 있도록 한다. • 수업 시간을 고려하여, 몇몇 학생들의 콜라주 작품을 발표할 수 있도록 한다.	• 내 콜라주 작품을 다른 친구들에게 발표한다. • 다른 친구들의 콜라주 작품을 살펴본다.	

학습단계(시간)	주요 학습활동	교수·학습활동		자료 및 유의점
		교사	학생	
정리 (5분)	실습	**학습 내용 정리 및 평가** • 스트레스를 받았을 때 즉각적으로 증상을 완화시켜 주는 방법 중 하나인 심호흡법을 실습해 보도록 한다.	**학습 내용 정리 및 평가** • 스트레스 증상을 완화시켜 주는 심호흡법을 실습해 본다.	강의참고자료 (PPT)-실습용 배경 음악
	학습 정리 및 차시 예고	• 스트레스 증상을 인지하고 어떻게 대처할 수 있는지 생각해 봄으로써 스트레스에 잘 대처할 수 있게 된다. 특히 건전한 취미 활동 개발하고 이를 통해 스트레스 증상을 완화하면 건강한 생활을 지속할 수 있음을 상기시킨다. 스트레스 받는다고 그대로 두어 무기력증이나 우울증에 빠질 정도로 상황이 나빠지기 전에 내 스트레스 증상을 자각하여 바로바로 스트레스를 잘 풀어주는 것이 중요합니다. 특히 평소 내가 좋아하는 취미 생활을 지속적으로 하면 평소 스트레스를 덜 받고, 스트레스를 받을 때 잘 풀어줄 수 있습니다. • 다음 시간에는 '약물 오·남용 예방'과 관련된 내용에 대해 학습할 것임을 예고한다.	• 워크북: 정리 '스스로 평가해 보기'를 작성하면서 오늘 수업 내용을 되돌아보고 학습한 내용을 정리한다.	강의참고자료 (ppt) 워크북

6. 가정 및 지역사회와 연계한 활동

• 가정에 학급통신 등을 이용하여 이번 시간에 학습한 내용을 공유하고, 사춘기 아이들이 받는 스트레스에 대해 아이들과 이야기할 기회를 가지도록 안내한다.

7. 평가계획

평가	질문내용	응답		
자기 평가	스트레스 증상이 어떤 것들인지 설명할 수 있나요?	우수	보통	노력
	스트레스 대처방안에 무엇이 있는지 말할 수 있나요?	우수	보통	노력
	오늘 수업에 적극적으로 참여했나요?	우수	보통	노력
상호 평가	오늘 콜라주 활동에서 가장 잘 표현한 친구는 누구인가요?			
	오늘 수업에서 가장 기억에 남는 것 한 가지를 적어봅시다.			
종합 평가	잘한 점 보완할 점			
수업 소감	오늘 수업에서 느낀 점은 무엇인가요?			

모둠 구성용 쪽지 만들기 자료 (스트레스 대처방안)

운동 하기	축구	농구	야구
	달리기	수영	잠자기
음악 듣기	힙합	발라드	R&B
	댄스음악	재즈	클래식
책 읽기	열세 살에 마음 부자가 된 키라	공자 아저씨네 빵가게	초등학생을 위한 나의 라임 오렌지나무
	세상을 뒤흔든 31인의 바보들	설민석의 한국사 대모험	쉽게보는 난중일기
게임 하기	클래시 로얄	던전 앤 파이터	피파 온라인3
	메이플스토리	마인크래프트	스타크래프트
영화 보기	너의 이름은	트랜스포머	스파이더맨
	미녀와 야수	슈퍼배드3	어벤져스

활동1 스트레스 개념과 증상 알아보기

나는 지금 스트레스를 받는 상황에 놓여 있습니다. 지금 어떤 느낌입니까? 아래의 항목에 지금 내가 느끼는 증상들이 있으면 체크해 봅시다. 혹시 아래 내용에 없는 증상이나 느낌이 있다면 그 밑에 적어봅시다.

내가 스트레스 받을 때면?

- ☐ 손에 땀이 난다
- ☐ 화장실에 가고 싶어진다
- ☐ 머리가 아프다
- ☐ 심장이 빨리 뛴다
- ☐ 배가 아프다
- ☐ 입이 마른다
- ☐ 경련이 난다
- ☐ 근육이 당긴다
- ☐ 몸이 떨린다
- ☐ 숨 쉬기가 어렵다
- ☐ 긴장 된다
- ☐ 걱정이 된다
- ☐ 주먹을 쥐거나 이를 악문다
- ☐ 피곤해 진다
- ☐
- ☐
- ☐

활동2) 스트레스 상황과 대처법

스트레스 잘 대처해요

내가 스트레스를 받는 상황

- 순위 　학원 갈 때
- 순위 　휴대폰 못 쓰게 할 때
- 순위 　반 친구들 앞에서 발표할 때
- 순위 　신학기 적응할 때
- 순위 　혼자 밥 먹을 때
- 순위 　성적표 받을 때
- 순위 　시험 공부할 때
- 순위 　모르는 사람에게 말 걸거나 모르는 사람이 말을 걸어올 때
- 순위 　수행평가가 많을 때
- 순위 　부모님한테 혼날 때
- 순위 　비교 당할 때
- 순위
- 순위
- 순위

내가 스트레스를 푸는 방법

- 내가 좋아하는 음악 듣기
- 심호흡하면서 잠시 기다리기
- 잠자기
- 친구에게 고민 말하기
- ⋮

스트레스 대처법 실습

1.
2.
3.

활동3) 스트레스를 날리는 콜라주 만들기

콜라주 만들기
- 스트레스를 풀기 위해 하는 내 취미가 무엇인지 생각해 봅시다.
- 취미를 주제로 취미 내용을 잘 나타내주는 그림이나 사진, 혹은 글자 등을 잡지나 책에서 오려서 붙입니다.

(예시) 운동하기, 독서하기, 음악듣기 등

스트레스, 다양한 취미활동으로 풀자!

스트레스를 완화해주는 심호흡법 실습

바른 자세로 의자에 앉아서 허리를 곧게 펴고 마음으로 5초를 세면서 숨을 크게 들이마십니다. 복식호흡으로 가슴이 부풀어 오르게 들이마시기 보다는 배가 부풀어 오르게 들이마신다는 느낌으로 숨을 들이마셔 주세요.

그리고 숨을 내쉴 때는 입을 작게 벌려 "후~~~" 하고 10초를 천천히 세면서 조금씩 숨을 내쉽니다.

흠~~~~ (5초 세게 숨을 들이마시고)
후~~~~~~~~~~ (10초 약하게 숨을 내쉬고)

이렇게 7번 반복해 주세요!

2단원

건강위험행동 바로알기

***

4 약물 오·남용 예방

5 흡연 예방

6 간접흡연 예방

7 음주 예방

PART 04 약물 오·남용 예방

약물이 우리 몸에 미치는 영향을 알고, 올바른 약물 섭취 방법을 배운다.

1. 수업의 개관

약물 섭취는 뇌를 비롯한 우리 몸의 신체 장기와 근육에 직접적인 영향을 미친다. 이 수업에서는 질병과 같은 신체 증상 약화나 개선을 위한 약물의 섭취 외에 일상생활에서 흔히 섭취하게 되는 카페인과 건강 보조 제품을 포함한 약물의 올바른 섭취가 왜 중요한지에 대해 학습한다. 이를 통해 건강하고 안전한 약물 섭취 습관을 기를 수 있는 방법에 대해 생각해 본다.

2. 수업의 학습목표

① 일상생활에서 접하는 약물이 우리 몸에 미치는 영향을 말할 수 있다.
② 올바른 약물 섭취 방법에 대해 말할 수 있다.

3. 활동 내용 및 준비물

- 워크북: 활동 1 '카페인이 들어있는 것들 찾아보기'
- 워크북: 활동 2 '약물 복용 상황 분석'
- 워크북: 활동 3 '약 라벨 읽는 법'
- 워크북: 활동 4 '올바른 카페인 섭취에 대해 토의하기'
- 전지(또는 2절지)
- 매직(사인펜)

4. 주요 라이프스킬 개념

- 비판적 사고
- 의사결정스킬
- 목표설정스킬

약물이 우리 몸에 미치는 영향력을 알아봄으로써 정보를 선별하여 학습하고, 다양한 상황에서 직면한 약의 섭취에 대한 행동 판단을 연습해 봄으로써 내가 하는 행위에 대한 올바른 판단을 할 수 있도록 하는 비판적 사고 능력을 습득한다. 또한 일상생활에서 흔히 접하게 되는 식품 속에 포함된 약물의 위험성에 대하여 인지하고, 올바른 약물 섭취 습관을 기르기 위한 생활 목표를 설정할 수 있다.

5. 교수-학습과정

수업명	4. 약물 오·남용 예방		활동시간	40 분
학습주제	약물이 우리 몸에 미치는 영향을 알고, 올바르게 섭취하기			
학습목표	① 일상생활에서 접하는 약물이 우리 몸에 미치는 영향을 말할 수 있다. ② 올바른 약물 섭취 방법에 대해 말할 수 있다.			
수업전략	주 활동:	활동 1. 카페인이 들어있는 것들 찾아보기 [개별활동] 활동 3. 약 라벨 읽는 법 [개별활동] 활동 4. 올바른 카페인 섭취에 대해 토의하기 [모둠활동]		
	선택 활동:	활동 2. 약물 복용 상황 분석 [모둠활동]		
	• 일상생활에서 접하는 약물에는 무엇이 있고, 섭취 시 우리 몸에 미치는 영향에 대해 학습한다. • 올바른 복약 방법에 대해 학습한다. • 모둠 내 2~3 명씩 짝을 지어 활동지에 약물 섭취와 관련된 주어진 상황들에 대해 생각해 보고 이 때 취해야 하는 올바른 행동에 대해 토의한다. • 5~6 명의 모둠원들이 함께 카페인 음료를 먹는 이유, 우리 몸에 미치는 영향, 대체할 방법 등에 대해 의견을 나누고 올바른 약물 섭취 습관에 대해 생각해 보는 시간을 갖는다.			
교수·학습 활동 및 자료	활동지	워크북: 활동 1 '카페인이 들어있는 것들 찾아보기' 워크북: 활동 2 '약물 복용 상황 분석' 워크북: 활동 3 '약 라벨 읽는 법' 워크북: 활동 4 '올바른 카페인 섭취에 대해 토의하기'	라이프스킬 주 개념	비판적 사고 의사결정스킬 목표설정스킬
	준비물	직소퍼즐 (모둠 수별 일상생활 속 흔히 접할 수 있는 약물 그림, 뽑기용 봉투) 전지(또는 2절지) 매직(사인펜)		

학습 단계 (시간)	주요 학습 활동	교수·학습활동		자료 및 유의점
		교사	학생	
도입 (6분)	모둠 편성	**모둠 구성 활동: 직소퍼즐 게임하기** • 직소퍼즐 게임 방법을 설명하고 게임을 통해 모둠이 만들어지도록 한다. 이 봉투 안에는 몇 장의 그림 조각이 들어 있습니다. 지금부터 순서대로 한 장씩 뽑도록 합니다. 전원이 다 뽑았으면 직소퍼즐을 맞추듯 같은 그림에 포함되는 조각을 가지고 있는 사람을 찾으세요. 그림이 완성되면 그 사람들이 한 모둠이 됩니다. 모둠이 만들어졌으면 책상을 붙여 모둠별로 앉고 모둠별 발표자를 정하도록 합니다. • 직소퍼즐은 '일상생활 속 흔히 접하는 약물 (고카페인 함유 음료, 여드름 약, 다이어트 보조제, 집중력 강화, 진통제 등)'과 관련된 이미지를 사용하도록 한다. 만들려고 하는 모둠 수에 맞춰 준비하고 수업 전에 조각을 내어 봉투에 넣어둔다.	**모둠 만들기** • 봉투에서 퍼즐조각을 꺼내 같은 그림에 포함되는 조각을 갖고 있는 사람을 찾아 모둠을 만든다. • 모둠을 만들고 자리에 앉아 모둠별 발표자를 정한다.	직소퍼즐카드 뽑기용 봉투 ※직소퍼즐의 그림은 간단한 것으로 준비하여 너무 지체되지 않도록 한다.
	동기 유발	**함께 생각해 보기: 카페인 과다 섭취의 위험성** • 카페인 과다 섭취로 사망한 고등학생에 대한 뉴스 동영상을 통해 일상생활에서 흔히 접하는 약물 섭취의 위험성과 우리 몸에 미치는 영향에 대해 생각해 보는 시간을 갖는다. 잠을 깨거나 혹은 맛이 좋아서 자주 먹는 커피 음료, 커피 아이스크림, 에너지 드링크에 카페인이 들어있다는 것을 아나요? 이 카페인에는 중추신경을 자극해 정신을 깨우는 각성 효과가 있는데요, 이 카페인을 많이 섭취하면 어떤 결과가 발생할 수 있는지 다음의 뉴스 내용을 함께 봅시다.	**함께 생각해 보기: 카페인 과다 섭취의 위험성** • 동영상을 보며 카페인 과다 섭취의 위험성에 대해 생각해 본다.	강의참고자료 (PPT) 동영상 자료(1분 30초)
	학습 목표 확인	**학습목표 제시** • 약물 오·남용 예방에 관한 학습목표를 설명한다.	**학습목표 확인하기** • 설명을 잘 듣는다. • 올바른 약물 섭취 방법에 대한 학습목표를 확인한다.	

학습 단계 (시간)	주요 학습 활동	교수·학습활동		자료 및 유의점
		교사	학생	
		이번 시간에는 올바른 약의 섭취가 왜 필요한지 또 약의 먹으면 우리 몸에 어떠한 영향을 미치는지 알아보겠습니다. 또한 병원이나 약국에서 처방 받는 약 외에 일상생활 속에서 우리가 흔히 접하게 되는 약물에는 무엇이고 우리 몸과 생활에 어떤 영향을 주는지에 대해 알아보도록 하겠습니다. ① 일상생활에서 접하는 약물이 우리 몸에 미치는 영향을 말할 수 있다. ② 올바른 약물 섭취 방법에 대해 말할 수 있다.		
전개 (30분)	학습 활동 안내	**학습활동 안내** **활동 1. 카페인이 들어있는 것들 찾아보기** **활동 2. 약물 복용 상황 분석** **활동 3. 약 라벨 읽는 법** **활동 4. 올바른 카페인 섭취에 대해 토의하기**	**학습활동 인지**	
	개별 활동	**활동 1. 카페인이 들어있는 것들 찾아보기** • 워크북: 활동 1 '카페인이 들어있는 것들 찾아보기'에 우리 주변에서 흔히 볼 수 있는 카페인이 들어있는 식품 등을 작성하도록 한다. • 강의참고자료(PPT)의 정보를 활용하여 각 식품에 들어있는 카페인의 양과 청소년 일일섭취 권장량에 대해 설명하고, 이를 바탕으로 학생들이 워크북에 자신이 적은 카페인 식품의 함유량과 순위를 적도록 안내한다. 우리 주변에서 흔히 찾을 수 있는 카페인 함유 식품에는 무엇이 있을까요? 워크북에 적어봅시다. 우리가 자주 먹는 간식인 커피 아이스크림, 초콜릿, 콜라에도 카페인이 들어있습니다. 청소년은 보통 몸무게 1Kg당 2.5mg 이하의 카페인을 섭취하도록 권장되는데 이를 여러분의 몸무게로 환산하면 약 80~100mg정도가 됩니다. 그럼 조금 전에 적은 식품에 들어있는 카페인 양과 순위가 어떻게 되는지 강의화면을 참고하여 적어봅시다.	**활동 1. 카페인이 들어있는 것들 찾아보기** • 워크북: 활동 1에 카페인 함유 식품을 적는다. • 선생님의 설명을 잘 듣고, 자료를 참고하여 워크북에 적은 식품의 카페인 함유량과 그 순위를 적는다.	강의참고자료 (PPT) 워크북

학습 단계 (시간)	주요 학습 활동	교수·학습활동		자료 및 유의점
		교사	학생	
	강의 토의	**활동 2. 약물 복용 상황 분석** • 강의참고자료 (PPT)를 활용하여 올바른 복약 방법을 Q&A 형식으로 설명한다. • 워크북: 활동 2 '약물 복용 상황 분석'을 위하여 제시되어 있는 상황들 중 몇 가지를 선정하여 모둠 내에서 2~3명씩 짝을 지어 토의를 하며 활동지를 작성하도록 한다. • 모둠 내 토의가 끝나면, 강의참고자료 (PPT)를 활용하여 올바른 복약 습관에 대한 정보를 전달한다. 지금부터 워크북을 펴고 모둠 내에서 2~3명씩 짝을 지어 의논해 가면서 주어진 상황에서 무엇이 문제인지 찾아봅시다. 문제 분석이 끝나면 이 문제를 어떻게 해결하는 것이 좋을지 의견을 정리하여 워크북에 작성하도록 합니다. 이제 모둠에서 토의가 다 끝났으면, 다른 모둠의 친구들과 작성한 의견을 비교해 보면서 올바른 복약 습관이 무엇인지 확인해 보도록 합시다.	**활동 2. 약물 복용 상황 분석** • 선생님의 설명을 잘 듣는다. • 워크북: 활동 2에 제시된 상황을 모둠의 다른 친구들과 의논하여 작성한다. • 모둠에서 의견을 정리하여 작성한 활동지 답안과 강의참고자료의 올바른 예시 행동을 비교해 본다.	강의참고자료 (PPT) 워크북 (상황제시) ※활동 2는 수업 시간을 고려하여 교사 재량에 따라 선택하여 수업할 수 있다.
	개별 활동	**활동 3. 약 라벨 읽는 법** • 일상생활에서 쉽게 접할 수 있는 일반의약품인 감기약을 예시로 올바른 복용법을 워크북: 활동 3 '약 라벨 읽는 법'에 연습해 보도록 한다. 우리가 열이 나거나 감기에 걸리면 진통제나 감기약을 사서 먹습니다. 하루에 몇 번, 몇 알을 먹어야 하는지 어떻게 알 수 있을까요? 강의 화면의 자료와 조금 전 선생님의 설명을 잘 기억하면서 워크북 활동 2에 제시된 감기약 사용설명서를 잘 읽어보고 질문에 답을 적어보세요.	**활동 3. 약 라벨 읽는 법** • 워크북: 활동 3에 감기약의 올바른 복용 방법을 분석하여 적는다.	강의참고자료 (PPT) 워크북
	토의 및 제작	**활동 4. 올바른 카페인 섭취에 대해 토의하기** • 모둠별로 전지 또는 2절지와 모둠에서 분석할 카페인 음료(또는 식품)를 받는다. • 활동지 작성 방법을 설명하고 토의 세부 주제를 안내한다.	**활동 4. 올바른 카페인 섭취에 대해 토의하기** • 활동지와 모둠 분석용 카페인 함유 음료(식품)을 받는다.	워크북 전지(2절지) 매직(사인펜) 모둠활동지 예시:

학습 단계 (시간)	주요 학습 활동	교수 · 학습활동		자료 및 유의점
		교사	학생	
		우리가 잠을 깨거나 맛이 좋아서 찾는 에너지 드링크제나 커피 우유 등에는 생각보다 많은 카페인이 함유되어 있습니다. 카페인을 섭취하게 되면 피로감을 줄이고, 졸음을 쫓거나 신진대사를 촉진하여 활기찬 기분이 들기도 합니다. 그러나 지나친 카페인의 섭취는 손 떨림이나 심장이 빨리 뛰는 등의 심혈관계 이상을 초래하기도 합니다. 모둠에서 받은 전지의 가운데 부분에 커다랗게 원을 그린 후 원 안에 우리 모둠이 받은 카페인 제품의 이름과 카페인 함유량을 적습니다. 그리고 전지를 크게 4등분으로 칸을 나누어 각 칸에 '카페인 함유 식품을 먹는 이유', '카페인이 우리 몸에 미치는 영향', '카페인 식품을 대체할 방법', '카페인 중독을 예방하기 위한 방법' 이라고 주제를 적습니다. 한 사람씩 칸을 맡아서 질문에 답을 적습니다. 각자가 맡은 질문에 답을 다 적었으면 모둠원 모두가 모여 적은 내용을 읽어보고 추가하거나 보충할 내용이 있으면 토의하여 적어봅시다.	• 모둠원들이 함께 받은 제품의 이름과 카페인 함유량을 적는다. • 전지에 칸을 나누어 질문을 적은 후 각자가 하나의 질문을 맡아 답을 적는다. • 모둠원 모두가 작성이 끝나면 함께 작성한 내용을 읽어보고 추가할 내용을 토의하여 보완한다. '카페인 함유 식품을 먹는 이유', '카페인이 우리 몸에 미치는 영향', '카페인 식품을 대체할 방법', '내가 하루에 먹을 수 있는 카페인 양'에 대해 토의하고 전지에 내용을 작성한다.	
		• 카페인 음료를 대체할 수 있는 방법을 논의할 때 다른 건강 음료나 음식의 추천과 함께 운동이나 생활 습관 변화와 같은 다양한 대체 방법들을 생각해 볼 수 있도록 지도한다.		
	전체 발표	• 모둠 활동이 종료되면, 모둠 대표가 나와 간단히 발표한다.	• 모둠 대표가 나와 토의 내용을 소개한다.	
		모둠 별로 작성한 내용을 칠판에 붙이고 다른 학생들에게 소개해 보도록 합시다. 다른 모둠의 발표 내용 중 우리 모둠에서 이야기 하지 못한 내용이 있다면 활동지에 추가로 잘 정리하여 둡니다.		
	개별 요약 및 정리	• 개인별 정리 시간을 주어 모둠 활동 내용과 발표 내용을 요약하여 워크북에 간단히 적도록 안내하고, 내가 하루에 먹을 수 있는 카페인 양을 계산하여 적도록 한다.	• 워크북: 활동 4 '올바른 카페인 섭취에 대해 토의하기'에 오늘 모둠활동 및 발표를 통해 학습한 주요 내용을 정리하여 적는다.	워크북

학습 단계 (시간)	주요 학습 활동	교수 · 학습활동		자료 및 유의점
		교사	학생	
		* 청소년 카페인 최대 일일섭취 허용량: 몸무게 1Kg 당 2.5mg 이하 (50Kg 이면 하루에 100mg 까지 섭취 가능)		
정리 (4 분)	학습 정리 및 차시 예고	**학습 내용 정리 및 평가** • 오늘의 학습 주제와 학습 내용의 중요성을 간단히 설명한다. 이번 시간에는 약물이 우리 몸에 미치는 영향과 일상생활 속에서 접하는 약물의 올바른 섭취 방법에 대하여 학습하였습니다. 약은 우리 몸이 아플 때 건강을 회복하게 해 주는 좋은 기능을 하지만 주의를 기울이지 않고 잘못 섭취하게 되면 오히려 몸에 해로운 영향을 줄 수 있습니다. 또한 일상생활 속에서 많이 접하게 되는 카페인이나 건강보조제 등은 많이 섭취하면 몸에 나쁜 영향을 줄 수 있으므로 항상 안전하고 올바른 약물 섭취 습관을 기를 수 있도록 노력해야 합니다. • 워크북: 정리 '스스로 평가해 보기'를 작성하도록 안내한다. • 다음 시간에는 '흡연 예방'과 관련된 내용에 대해 학습할 것임을 예고한다.	**학습 내용 정리 및 평가** • 선생님의 설명을 잘 듣는다. • 워크북: 정리 '스스로 평가해 보기'를 작성하면서 오늘 수업 내용을 되돌아보고 학습한 내용을 정리한다.	워크북

6. 가정 및 지역사회와 연계한 활동

- 교사는 학급통신을 통하여 수업 내용과 개요, 학생들의 반응을 가정에 전달한다.
- 교사는 학생들이 수업 중 토의한 올바른 카페인 섭취와 관련하여 워크북에 개인별로 정리한 내용을 가정에서 다시 한 번 이야기해 보도록 안내하고, 이를 토대로 학생들이 올바른 약물(식품) 섭취 습관을 기를 수 있도록 가정의 협조를 구한다.

7. 평가계획

평가	질문내용	응답		
자기 평가	올바른 약물 섭취 방법에 대해 설명할 수 있나요?	우수	보통	노력
	일상생활 속에서 섭취하는 카페인의 위험성에 대해 설명할 수 있나요?	우수	보통	노력
상호 평가	우리 모둠원들은 모둠 토의 활동에 적극적으로 참여했나요?	우수	보통	노력
	내가 앞으로 약을 섭취할 때 지켜야 하는 원칙 중 가장 중요하다고 생각하는 것을 한 가지만 적어봅시다.			
종합 평가	잘한 점	보완할 점		
수업 소감	오늘 수업에서 느낀 점은 무엇인가요?			

활동1) 카페인이 들어있는 것들 찾아보기

우리 주변에서 쉽게 접하는 음료수나 음식에도 카페인이 생각보다 많이 들어있어요. 어떤 것들에 카페인이 들어있을까요? 잘 생각해보고 밑의 빈 칸에 적어보세요.

카페인은 커피에만 들어있는게 아니에요

카페인이 들어있는 것	카페인 함유량 순위
1	위
1	위
1	위
1	위
1	위
1	위

 **활동2** 약물 복용 상황 분석

이럴 때에는 이렇게 행동해요
- 올바른 복약 습관 기르기 -

상황 :

1. 이 상황에서 문제는 무엇인가요?

2. 해결 방안은 무엇인가요?

상황 :

1. 이 상황에서 문제는 무엇인가요?

2. 해결 방안은 무엇인가요?

활동2) 약물 복용 상황 분석

상황1 식탁위에서 예쁜 색깔의 약병을 발견했다. 안을 보니 색도 사탕같이 알록달록하고 젤리같이 생겼다. 약인지 젤리인지 병에는 안 쓰여 있다.

상황2 친구 집에 놀러갔는데 갑자기 머리가 너무 아팠다. 친구네 엄마가 머리 아플 때 먹는 약이라며 진통제를 주셨다.

상황3 항상 감기에 잘 걸리고 몸이 약해 병원에 다녔다. 이번에 병원에서 의사선생님이 새로운 종류의 약을 처방해 주셨다. 이 약을 먹으니 계속 잠이 오고 컨디션이 안 좋은 것 같다.

상황4 학교에서 수업을 받는 중에 목이 아파왔다. 감기에 걸린 것 같아 친구에게 걱정을 얘기했더니 친구가 먹고 있는 감기약이라면서 자신의 약을 주었다.

상황5 눈병이 나서 병원에서 약을 처방받아 먹었더니 눈병이 나았다. 그런데 병원에서 받은 약이 아직 남아서 다 먹어야 하는지 고민이다.

상황6 어젯밤에 머리가 아파서 부모님께 말씀드렸더니 진통제를 주셨다. 이 약을 먹고 나니 머리 아픈 것도 없어지고 왠지 공부도 더 잘되는 것 같다. 오늘도 공부를 하려니 머리가 아픈 것 같아서 어제 먹은 약을 더 먹고 싶다.

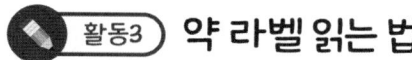 **활동3** 약 라벨 읽는 법

다음의 약 봉지를 보고 이 약을 바르게 섭취하는 방법을 알아봅시다.

약 올바르게 먹을 수 있어요

1. 이 약은 어떤 증상이 있을 때 먹나요?

_____

2. 이 약은 어떻게 먹나요?

_____

3. 이 약은 하루에 몇 번, 얼마나 먹나요?

_____

4. 이 약은 어떻게 보관해 두고 먹을 수 있나요?

_____

5. 이 약을 먹으면 안 되는 사람은 누구인가요?

_____

 **활동4** 올바른 카페인 섭취에 대해 토의하기

카페인 바르게 알고 먹기

우리가 잠을 깨거나 맛이 좋아서 찾는 에너지 드링크제나 커피 우유 등에는 생각보다 많은 카페인이 함유되어 있습니다. 카페인을 섭취하게 되면 피로감을 줄이고, 졸음을 쫓거나 신진대사를 촉진하여 활기찬 기분이 들기도 합니다. 그러나 지나친 카페인의 섭취는 손 떨림이나 심장이 빨리 뛰는 등의 심혈관계 이상을 초래하기도 합니다.

1. 카페인 함유 식품을 먹는 이유

___

2. 카페인이 우리 몸에 미치는 영향

___

3. 카페인 식품을 대체할 방법

___

4. 카페인 중독을 예방하기 위한 방법

___

5. 내가 하루에 먹을 수 있는 카페인 양

___

청소년 카페인 최대 일일 섭취 허용량 : **몸무게 1kg당 2.5mg 이하**
(50kg이면 하루에 100mg 까지 섭취 가능)

흡연 예방

흡연의 위험성을 알고 흡연 예방을 위한 목표를 세운다.

1. 수업의 개관

이 수업에서는 담배에 포함된 독성물질과 흡연으로 인해 나타날 수 있는 증상들을 알아봄으로써 흡연의 위험성을 인지하고 흡연이 건강위험행동임을 학습한다. 이러한 활동을 통해 수집한 정보와 지식을 바탕으로 건강위험상황에서 주변의 유혹에 이끌리지 않고 자신의 미래 건강을 위해 흡연 예방 목표를 세울 수 있다.

2. 수업의 학습목표

① 담배의 독성물질과 흡연시 나타나는 증상이 무엇인지 말할 수 있다.
② 흡연과 관련한 정보를 바탕으로 흡연 예방을 위한 목표를 세울 수 있다.

3. 준비물

- 워크북: 활동 1 '빙고게임-담배 하면 생각나는 것'
- 워크북: 활동 2 '담배연기에 포함된 독성물질 알아보기'
- 워크북: 활동 3 '담배로 인해 나타날 수 있는 증상들'
- 워크북: 활동 4 '담배로 인한 증상이 나타난 사람 모습 그리기'
- 워크북: 활동 5 '평생 비흡연 의지 다짐하기'
- 전지 (2절지)
- 매직(사인펜), 색연필

4. 주요 라이프스킬 개념

- 비판적 사고
- 의사결정스킬
- 목표설정스킬

흡연으로 인한 증상을 알아봄으로써 정보의 영향력을 분석하고, 반성적 사고를 통해 올바른 판단을 할 수 있도록 하는 비판적 사고 능력을 습득한다. 이를 바탕으로 자신의 미래 건강을 위해 비흡연에 대한 목표를 설정하고 건강을 위한 최선의 의사결정을 할 수 있게 된다.

5. 교수-학습과정

수업명	5. 흡연 예방		활동시간	40 분
학습주제	흡연의 위험성을 알고 흡연 예방에 대한 목표 세우기			
학습목표	① 흡연의 위험성과 이로 인해 나타나는 증상에 대해 무엇인지 말할 수 있다. ② 흡연과 관련한 정보를 바탕으로 흡연 예방을 위한 목표를 세울 수 있다.			
수업전략	주 활동:	활동 2 '담배연기에 포함된 독성물질 알아보기' [개별활동] 활동 3 '담배로 인해 나타날 수 있는 증상들' [개별활동] 활동 4 '담배로 인한 증상이 나타난 사람 모습 그리기' [모둠활동] 활동 5 '평생 비흡연 의지 다짐하기' [개별활동]		
	선택 활동:	활동 1 '빙고게임-담배 하면 생각나는 것' [개별활동]		
	• 5~6 명으로 모둠을 편성하여 담배에 대한 생각들로 빙고게임을 하면서 흡연에 대하여 생각해 볼 시간을 갖는다. • 담배의 독성물질과 흡연으로 나타날 수 있는 신체 증상들을 학습한 뒤, 모둠 활동을 통해 담배의 해로운 점이 몸에 어떤 증상으로 나타나는지 그림을 통해 표현한다. • 모둠 활동을 통해 흡연의 해로운 점을 인식하고 평생 비흡연에 대한 의지와 목표를 수립한다.			
교수·학습 활동 및 자료	활동지	워크북: 활동 1 '빙고게임-담배 하면 생각나는 것' 워크북: 활동 2 '담배연기에 포함된 독성물질 알아보기' 워크북: 활동 3 '담배로 인해 나타날 수 있는 증상들' 워크북: 활동 4 '담배로 인한 증상이 나타난 사람 모습 그리기' 워크북: 활동 5 '평생 비흡연 의지 다짐하기'	라이프스킬 주 개념	비판적 사고 의사결정스킬 목표설정스킬
	준비물	전지 (2절지) 매직(사인펜), 색연필		

학습 단계 (시간)	주요 학습 활동	교수 · 학습활동		자료 및 유의점
		교사	학생	
도입 (5분)	모둠 편성	**모둠 구성 활동** • 학생들을 5~6명씩 모둠을 구성하도록 한다.	**모둠 만들기** • 5~6명씩 모둠을 만든다.	강의참고자료 (PPT)
	동기 유발	**함께 생각해 보기: 청소년 흡연 시작 동기** • 청소년들이 처음 흡연을 하게 되는 동기에 대한 그래프를 보고 학생들이 쉽게 흡연 행위를 시작하는 것에 대해 경각심을 가질 수 있도록 한다. 이 그래프는 어떤 질문에 대해 청소년들이 답한 내용을 정리한 것입니다. 무슨 질문이었을까요? 질문은 한번이라도 담배를 피워본 적 있는 청소년들이 처음 담배를 피우게 된 동기가 무엇이었는지 물어본 것이었습니다. 청소년들이 흡연을 시작한 계기는 호기심이 50.6%로 가장 많았고, 친구의 권유(25.1%)가 뒤를 이었습니다. 즉 깊게 생각해 보지 않고 한 행동이 지속적인 건강위험행동으로 나타날 수 있다는 것을 보여주고 있습니다. 주변에서 담배를 피우자고 유혹을 받아보거나 나도 한번 피워볼까 호기심이 생긴 적이 있었나요? 앞으로 왜 흡연이 우리 몸에 해롭고 하면 안 되는지 알아보기로 합시다.	**함께 생각해 보기: 청소년 흡연 시작 동기** • 그래프를 보며 선생님의 질문에 답한다. • 담배와 관련된 경험(주변 사람의 흡연 권유 혹은 호기심)이 있었는지 생각해 본다.	
	학습 목표 확인	**학습목표 제시** • 흡연 예방에 관한 학습목표를 설명한다. 이번 시간에는 흡연이 왜 몸에 안 좋은지에 대해 학습하는 시간입니다. 주변에서 흔히 볼 수 있는 담배. TV 광고에서도 볼 수 있듯이 담배를 피우면 우리 몸에 좋지 않은 영향을 줍니다. 오늘은 담배를 피우면 우리 몸에 어떤 증상이 나타날 수 있고, 어떠한 점이 해로운지, 흡연에 대해 우리가 어떠한 자세를 가져야 하는지 생각해 보는 시간을 갖도록 하겠습니다. ① 담배의 독성물질과 이로 인해 흡연시 나타나는 증상이 무엇인지 말할 수 있다.	**학습목표 확인하기** • 설명을 잘 듣는다. • 흡연 예방에 대한 학습목표를 확인한다.	

학습 단계 (시간)	주요 학습 활동	교수·학습활동		자료 및 유의점
		교사	학생	
		② 흡연과 관련한 정보를 바탕으로 흡연 예방을 위한 목표를 세울 수 있다.		
전개 (32분)	학습 활동 안내	**학습활동 안내** **활동 1. 빙고게임-담배 하면 생각나는 것** **활동 2. 담배연기에 포함된 독성물질 알아보기** **활동 3. 담배로 인해 나타날 수 있는 증상들** **활동 4. 담배로 인한 증상이 나타난 사람 모습 그리기** 　**활동 5. 평생 비흡연 의지 다짐하기**	**학습활동 인지**	
	개별 활동	**활동 1. 빙고게임-담배 하면 생각나는 것** • 모둠별로 '담배 하면 생각나는 것'을 키워드로 하여 4X4 (또는 3X3) 빙고게임을 하도록 한다. 자, 이제 5~6명씩 모여서 모둠을 만들었나요? 그렇다면 지금부터 활동지 5-1 '담배 하면 생각나는 것'을 주제로 빙고게임을 하도록 하겠습니다. 활동지의 칸을 다 채웠으면, 같은 모둠 내에서 한 사람씩 자신이 쓴 것을 말하면서 빙고게임을 시작합시다. 가장 먼저 1줄을 다 지운 사람이 1등입니다. 오늘은 모둠 별로 빙고게임에서 1등한 사람이 모둠 대표가 되어 활동하겠습니다. ※ 모둠별 활동 대신 교사가 칠판에 빙고판을 그리고 반 전체가 함께 빙고 칸을 채워가면서 게임을 진행할 수도 있다. 이때 빙고칸에 들어가는 개념에 대해 간단히 선행학습 개념으로 설명하여 주는 것도 좋다.	**활동 1. 빙고게임-담배 하면 생각나는 것** • '담배 하면 생각나는 것'을 주제로 빙고 게임 칸을 채운다. • 빙고게임에서 1등이 된 사람이 오늘 수업의 모둠 대표가 된다.	워크북 ※활동 1은 수업 시간을 고려하여 교사 재량에 따라 선택하여 수업할 수 있다.
	개별 작성	**활동 2. 담배연기에 포함된 독성물질 알아보기** • 강의참고자료 (PPT)를 참고하여 담배 연기에 포함되어 있는 독성물질이 어떤 것이 있는지 설명한다.	**활동 2. 담배연기에 포함된 독성물질 알아보기** • 강의참고자료 (PPT)의 내용을 참고하여 워크북 활동지의 독성물질 그림에 알맞은 이름을 적는다.	강의참고자료 (PPT) 워크북

학습 단계 (시간)	주요 학습 활동	교수 · 학습활동		자료 및 유의점
		교사	학생	
		우리가 담배를 피울 때 나는 연기 안에는 7000가지 이상의 화학물질이 포함되어 있습니다. 단순히 담배 연기에서 나는 나쁜 냄새만이 문제가 아니라, 이 중 수백 가지는 사람에게 해로운 독성 물질이고, 70여 가지는 암을 유발한다고 알려져 있습니다. 담배 안에 포함되어 있는 대표적인 독성물질이 무엇인지 함께 보면서 알아보겠습니다.		
		• 강의참고자료(PPT)의 내용을 참고하여 학생들이 워크북에 해당 독성물질의 이름을 예시 중 선택하여 적도록 한다.		
	강의	**활동 3. 담배로 인해 나타날 수 있는 증상들** • 강의참고자료(PPT)의 내용을 바탕으로 흡연으로 인해 우리 인체에 나타나는 증상이나 영향에 대해 설명한다.	**활동 3. 담배로 인해 나타날 수 있는 증상들** • 선생님의 설명을 잘 듣는다.	강의참고자료 (PPT) 워크북
	모둠 내 토의 및 작성	• 강의 내용을 바탕으로 학생들이 워크북: 활동 2 '담배로 인해 나타날 수 있는 증상들' 내용을 작성하도록 한다. 혼자 작성하기 어려울 경우 모둠 내에서 서로 토의하여 작성하도록 안내한다. 지금부터 워크북을 펴고 담배를 피우면 우리 몸에 어떤 증상이나 영향이 나타나는지 작성해 봅시다. 혼자 작성하기 어려울 경우 모둠 친구들과 강의 내용을 바탕으로 의논하여 작성하여도 됩니다.	• 워크북: 활동 2 '담배로 인해 나타날 수 있는 증상들' 내용을 작성한다. 모둠 내 다른 친구들의 생각도 묻고 들어보면서 내용을 정리한다.	
	토의 및 제작	**활동 4. 담배로 인한 증상이 나타난 사람 모습 그리기** • 앞의 활동 3에서 작성한 내용을 참고하여 활동지에 담배로 인한 증상이 나타난 사람 모습을 상상하여 그리도록 한다. • 모둠원들이 아이디어를 내고 각자 다양한 사람 그림을 그리고, 신체 증상을 최대한 강조하여 그릴 수 있도록 안내한다.	**활동 4. 담배로 인한 증상이 나타난 사람 모습 그리기** • 활동 3의 내용을 참고하여 활동지에 담배로 인해 해로운 증상이 나타난 사람의 모습을 상상하여 그린다. • 모둠 친구들과 증상을 강조하여 표현하는 방	전지 매직(사인펜), 색연필

학습 단계 (시간)	주요 학습 활동	교수·학습활동		자료 및 유의점
		교사	학생	
		이번 활동은 담배가 우리 몸에 얼마나 해로운 영향을 주는지 확인해 보는 시간입니다. 앞에 한 활동지 내용을 참고하면서 담배로 인해 우리 몸에 어떤 증상이 생기게 되는지 그 모습을 생각해 보세요. 그리고 그 모습을 그림으로 표현해 보세요. 모둠의 친구들과 다양한 아이디어를 나누면서 여러 사람을 그려봅시다. 이 때 최대한 담배로 인해 나타난 증상이 강조되어 다른 사람들에게도 담배가 우리 몸에 왜 해로운지 잘 알려줄 수 있도록 상상력을 발휘하여 그려봅시다.	법을 의논하고 다양한 사람의 모습을 그린다.	
	전체 발표	• 모둠 대표는 반 전체에게 자신의 모둠에서 정리한 내용을 발표한다. 모둠 활동이 다 정리되었으면, 이제 모둠대표가 나와서 우리 모둠에서 정리한 내용을 다른 친구들에게 소개해 봅시다.	• 모둠 대표가 간단히 모둠에서 활동한 내용을 발표한다.	
	개별 작성 및 협동 활동	**활동 5. 평생 비흡연 의지 다짐하기** • 워크북에 흡연의 해로운 점을 되새겨 보면서 평생 비흡연 의지를 다짐하는 서약서에 서명하도록 안내한다. 모둠 발표를 통해 다양한 아이디어들이 나왔네요. 이렇듯 흡연은 우리 몸에 해로운 영향을 미칩니다. 워크북을 펴고 오늘 수업한 담배가 우리 몸에 미치는 해로운 영향에 대해 생각해 보면서 앞으로 흡연을 하지 않겠다는 나의 다짐을 확인하는 시간을 갖도록 하겠습니다. 워크북에 내가 왜 흡연을 하지 않기로 다짐했는지 그 이유를 적고 내 이름을 적습니다. 그리고 모둠의 다른 친구들에게 내 다짐을 지지해 주고 응원해 주겠다는 지지서명을 받도록 합시다.	**활동 5. 평생 비흡연 의지 다짐하기** • 워크북에 흡연의 해로운 점을 생각하면서 흡연을 하지 않겠다는 다짐과 목표를 세운다. • 모둠 친구들로부터 워크북에 지지 서명을 받는다.	워크북
정리 (3분)	학습 정리 및 차시	**학습 내용 정리 및 평가** • 오늘의 학습주제와 학습내용의 중요성을 간단히 설명한다.	**학습 내용 정리 및 평가** • 선생님의 설명을 잘 듣는다.	

학습 단계 (시간)	주요 학습 활동	교수 · 학습활동		자료 및 유의점
		교사	학생	
	예고	오늘 수업에서는 담배가 어떤 점에서 우리 몸에 나쁜 영향을 주고, 왜 우리가 담배를 피우면 안 되는지에 대해 다 함께 생각해 보는 시간을 가졌습니다. 서약서에 한 다짐을 앞으로도 꼭 기억하면서 흡연에 대한 유혹에 흔들리지 않도록 다시 한 번 수업 내용을 되새겨 봅시다.		
		• 워크북의 정리 '스스로 평가해 보기'를 작성하도록 한다.	• 워크북의 정리 '스스로 평가해 보기'를 작성하면서 오늘 수업 내용을 되돌아보고 학습한 내용을 정리한다.	워크북
		• 다음 시간에는 '간접흡연 예방'과 관련된 내용에 대해 학습할 것임을 예고한다.		

6. 가정 및 지역사회와 연계한 활동

- 교사는 학급통신을 통하여 수업 내용과 개요, 학생들의 반응을 가정에 전달한다.
- 교사는 오늘 활동 중 한 평생 비흡연 다짐의 내용을 부모님과 이야기 할 기회를 가지면 좋겠다고 학생들에게 전한다.

7. 평가계획

평가	질문내용	응답		
자기 평가	담배연기에 포함된 독성 물질이 어떤 것들인지 말할 수 있나요?	우수	보통	노력
	흡연을 하면 몸에 어떤 증상들이 나타나는지 설명할 수 있나요?	우수	보통	노력
	담배를 피우면 좋지 않은 이유를 말할 수 있나요?	우수	보통	노력
상호 평가	우리 모둠은 오늘 수업에 적극적으로 참여했나요?	우수	보통	노력
	오늘 수업 중에 한 나의 평생 비흡연 다짐을 다시 한 번 적어봅시다.			
종합 평가	잘한 점		보완할 점	
수업 소감	오늘 수업에서 느낀 점은 무엇인가요?			

활동1 빙고게임 '담배하면 생각나는 것' (활동 예시)

1. "담배"하면 생각나는 단어들을 떠올려 보고 빙고 칸에 채워 넣습니다.
2. 빈 칸을 다 채우고 나면, 모둠의 다른 친구들과 차례로 한 단어씩 말하고, 겹치는 단어는 지우세요.
3. 가장 먼저 1줄을 다 지운 사람이 1등 입니다.

(니코틴)	불량아	(담배연기)	편의점
(중독)	(입냄새)	(아빠)	(전자담배) ◀ 빙고 완성
금연	(라이터)	고등학생	골목길
(허세)	폐암	금연광고	병원

활동2 담배연기에 포함된 독성물질 (교사용 참고자료)

담배에 불을 피우면, 7천여가지 화학물질들이 공기 중으로 방출됩니다. 이러한 화학물질들은 냄새만 고약한 것이 아닙니다. 그 중 수 백 가지의 화학물질들이 인체에 유해하고, 약 70가지의 화학물질은 암을 유발시키는 물질이라고 알려져 있습니다. 아래의 그림에 알맞은 화학물질을 보기에서 찾아 적어봅시다.

벤젠
원유나 휘발유에서 발견되는 이 화학물질이 암을 유발시키는 물질로 확인되었다.

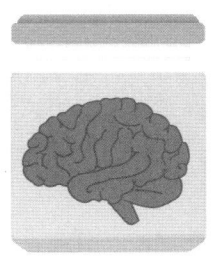

포름알데히드
시체를 보존하는데 사용되는 화학물질로 가장 잘 알려진 포름알데히드가 암을 유발시킬 수 있다. 또한 피부와 눈, 기도를 자극하기도 한다.

일산화탄소
이 화학물질은 자동차 배기가스에서 흔하게 발생하는 성분으로 담배연기에도 있다. 농도가 높아지면, 치명적인 결과가 초래될 수 있다.

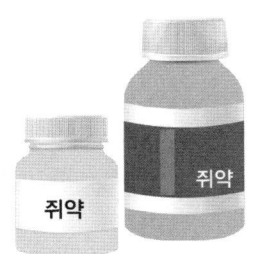

비소
매우 독성이 강한 화학물질로 쥐약, 농약 등에 사용된다.

타르
석탄이나 나무로부터 만들어지는 타르는 방부제를 만드는 주요 성분이며 도로 포장 시 쓰이는 타맥의 주요 성분이다. 지붕이나 배의 외부 마감재로도 쓰인다.

암모니아
이 화학물질은 일부 가정용 클리너 제품에 강한 냄새를 부여한다. 또한 바료에도 사용된다. 암모니아는 조직을 자극하고 세포를 손상시킬 수 있다.

니코틴
코카인, 청산가리와 같은 강한 독성물질이다. 살충제나, 쥐약 등에 사용되며 눈에 들어가면 실명된다. 향정신성 물질로 고혈압을 유발하고 중추신경계를 마비시켜, 불면증, 맥박증가, 탈모, 소화기 궤양, 뇌졸중을 유발한다.

활동3 담배로 인해 나타날 수 있는 증상 (교사용 참고자료)

담배에는 유독성 화학물질이 많이 함유되어 있습니다. 담배를 피울 때, 이러한 화학물질들이 인체로 흡수됩니다. 간접흡연을 하는 비흡연자들도 마찬가지입니다. 아래 그림에 담배가 우리 몸의 각 기관에 어떤 영향을 미칠지 생각해 적어 봅시다.

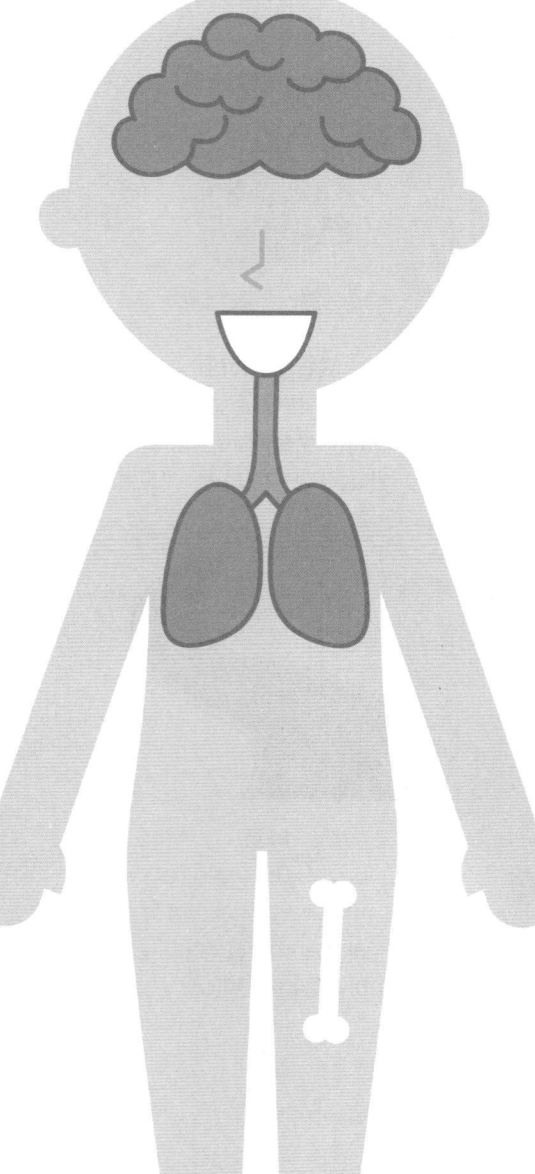

뇌
담배와 관련된 제품 안에 들어있는 니코틴이 뇌 속 화학물질 도파민의 수치를 높여, 쾌감을 극대화시킨다. 니코틴이 사라지면, 기쁨도 차츰 사라진다. 이러한 이유로, 니코틴에 빠져들게 된다.

치아
담배 성분인 니코틴이나 타르 등으로 인해 치아가 누렇게 변하고, 구강건조증으로 인한 충치 발생률이 높아지고 구취 입냄새가 난다. 구강암 발생률이 6~18배 증가하고 치주질환 발생도 4배 증가한다.

피부
흡연 기간이 길고 하루 흡연량이 많을수록 피부노화, 색소침착, 성인기 여드름, 모낭충 등이 증가한다.

폐
담배 연기 안에 들어 있는 독성 화학물질이 폐 속 섬모를 손상시킨다. 숨 쉬기가 어렵기 때문에 폐렴과 같은 심각한 질병의 발생률을 높인다. 또한 폐암을 유발시킬 수 있다.

코
담배연기를 지속적으로 마시게 되면 코안의 점막이 약해지면서 호흡기 질환이 생기고 기침, 콧물, 비염, 축농증 등의 증상이 생기거나 심해질 수 있다.

혀
혀담배 제품의 사용으로 맛을 감지하는 혀의 미뢰가 손상될 수 있다. 흡연하는 사람들은 맛을 느끼지 못할 수도 있다.

목(식도)
코와 기도로 빨아들이게 되는 일산화탄소, 니코틴, 타르 등의 발암물질로 인해 후두암 발생률이 5~6배 높이지며, 쉰 목소리의 음성 변화가 나타난다.

뼈(키)
흡연을 하게 되면 담배연기 속의 해로운 성분들이 혈액 내의 헤모글로빈이 산소와 결합하는 과정에 제약을 주어, 내부의 각 기관에 산소 공급이 줄고 세포가 완전한 성장을 하지 못하여 성장발육에 막대한 영향을 미친다.

활동4 담배로 인한 증상이 나타난 사람 모습 그리기

1. 흡연으로 인해 해로운 영향이 나타난 사람의 모습을 상상해 봅시다.
2. 증상이 나타난 모양을 최대한 강조하여 그려봅시다.

우리 몸에 담배로 인한 증상이 나타난다면?

담배로 인한 증상이 나타난 사람 모습 그리기

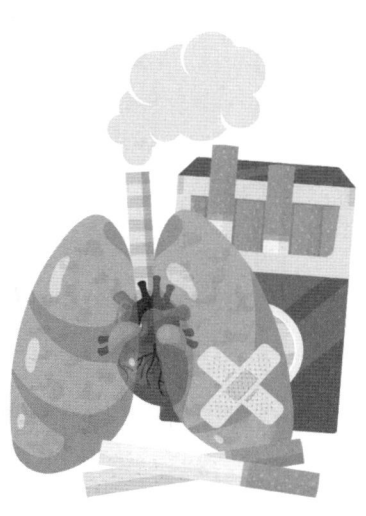

활동5) 평생 비흡연 의지 다짐하기

평생 비흡연 의지 서약서

흡연은 (이유) _____ 하기 때문에

나는 앞으로 평생 비흡연 할 것을 다짐합니다.

이름 :   (서명)

지지자 :   (서명)

                  (서명)

                  (서명)

PART 06 간접흡연 예방

간접흡연의 위해성을 알고 대책 방안을 세워 주변의 흡연자에게 금연을 권유한다.

1. 수업의 개관

이 수업에서는 흡연의 위해성을 확인하고, 담배의 독성 성분으로 인한 피해가 나 자신의 흡연으로 인해서도 일어날 수 있고 타인의 흡연으로 인한 간접흡연의 영향을 받을 수도 있음을 학습한다. 학습한 정보를 바탕으로 간접흡연의 피해를 막을 수 있는 사회적 제도 또는 방안을 토의하고, 주변의 흡연인에게 효과적이고 설득력 있게 금연을 권유할 수 있다.

2. 수업의 학습목표

① 간접흡연의 위해성에 대해 말할 수 있다.
② 간접흡연과 관련한 정보를 바탕으로 대책 방안을 세우고, 주변의 흡연인에게 금연을 권유할 수 있다.

3. 활동 내용 및 준비물

- 워크북: 활동 1 '흡연에 대한 진실 확인'
- 워크북: 활동 2 '간접흡연의 영향과 대책 방안 토의하기'
- 워크북: 활동 3 '금연 권유 홍보 스티커 만들기'
- 직소퍼즐 (모둠 수별 금연 캠페인 광고 그림, 뽑기용 봉투)
- 전지(또는 2절지), 색지(또는 4절지)
- 매직(사인펜), 색연필

4. 주요 라이프스킬 개념

- 비판적 사고
- 의사소통스킬
- 자기주장스킬

흡연의 위해성에 대해 알아봄으로써 정보의 영향력을 분석하고, 반성적 사고를 통해 올바른 판단을 할 수 있도록 하는 비판적 사고 능력을 습득한다. 이를 바탕으로 자신에게 위해를 줄 수 있는 간접흡연의 위험성을 인지하고, 이에 대한 대책 방안 토의를 통해 다양한 의견을 조율하며 효과적인 결론을 도출하는 의사소통스킬을 함양한다. 또한 학습한 정보를 바탕으로 논리적 근거에 기반하여 주변의 흡연인에게 금연을 권유할 수 있는 자기주장스킬을 함양한다.

5. 교수-학습과정

수업명	6. 간접흡연 예방		활동시간	40분
학습주제	간접흡연의 위해성을 알고 대책 방안 제안하여 금연 권유하기			
학습목표	① 간접흡연의 위해성에 대해 말할 수 있다. ② 간접흡연과 관련한 정보를 바탕으로 대책 방안을 세우고, 주변의 흡연인에 금연을 권유할 수 있다.			
수업전략	주 활동:	활동 1. 흡연에 대한 진실 확인 [개별활동] 활동 2. 간접흡연의 영향과 대책 방안 토의하기 [모둠활동]		
	선택 활동:	활동 3. 금연 권유 홍보 스티커 만들기 [모둠활동]		
	• 5~6명으로 모둠을 편성하여 흡연 및 간접흡연과 관련된 오해에 대한 의견을 나누고 흡연의 위해성에 대하여 학습한다. • 간접흡연의 위해성에 대해 인지하고, 모둠 토의를 통해 간접흡연 피해를 줄일 수 있는 사회적 제도나 대책 방안을 제안하고, 금연을 권유할 때 사용 할 수 있는 흡연의 위해성 관련 정보가 담긴 금연 홍보 스티커를 만든다.			
교수·학습 활동 및 자료	활동지	워크북: 활동 1 '흡연에 대한 진실 확인' 워크북: 활동 2 '간접흡연의 영향과 대책 방안 토의하기' 워크북: 활동 3 '금연 권유 홍보 스티커 만들기'	라이프스킬 주 개념	비판적 사고 의사소통스킬 자기주장스킬
	준비물	직소퍼즐 (모둠 수별 금연 캠페인 광고 그림, 뽑기용 봉투) 전지(또는 2절지), 색지(또는 4절지) 매직(사인펜), 색연필		

학습단계(시간)	주요학습활동	교수 · 학습활동		자료 및 유의점
		교사	학생	
도입(6분)	모둠편성	**모둠 구성 활동: 직소퍼즐 게임하기** • 직소퍼즐 게임 방법을 설명하고 게임을 통해 모둠이 만들어지도록 한다. 이 봉투 안에는 몇 장의 그림 조각이 들어 있습니다. 지금부터 순서대로 한 장씩 뽑도록 합니다. 전원이 다 뽑았으면 직소퍼즐을 맞추듯 같은 그림에 포함되는 조각을 가지고 있는 사람을 찾으세요. 그림이 완성되면 그 사람들이 한 모둠이 됩니다. 모둠이 만들어졌으면 책상을 붙여 모둠별로 앉고 모둠별 발표자를 정하도록 합니다. • 직소퍼즐은 '금연 캠페인'과 관련된 말이나 이미지를 사용하도록 한다. • 만들려고 하는 모둠 수에 맞춰 준비하고 수업 전에 조각을 내어 봉투에 넣어둔다.	**모둠 만들기** • 봉투에서 퍼즐조각을 꺼내 같은 그림에 포함되는 조각을 갖고 있는 사람을 찾아 모둠을 만든다. • 모둠을 만들고 자리에 앉아 모둠 별 발표자를 정한다.	직소퍼즐카드 뽑기용 봉투 ※직소퍼즐의 그림은 간단한 것으로 준비하여 너무 지체되지 않도록 한다.
	동기유발	**함께 생각해 보기: 간접흡연의 위험성** • 강의참고자료(PPT)의 화면에 제시된 간접흡연의 위험성과 관련된 문구를 통해 수업 주제인 간접흡연에 대해 유추해 보고, 동영상 시청을 통해 간접흡연의 위해성에 대해 생각해 보도록 한다. 이 문구들은 무엇과 관련된 것일까요? 다 함께 생각해 봅시다. 네, 간접흡연이 얼마나 나쁜지에 관한 것입니다. 다음의 동영상을 보면서 간접흡연이 우리에게 얼마나 나쁜 영향을 주는지 생각해 봅시다.	**함께 생각해 보기:간접흡연의 위험성** • 강의참고자료 (PPT)에 제시된 문구가 무엇에 관한 것인지 생각해 본다. • 간접흡연과 관련된 동영상을 보면서 간접흡연이 우리에게 미치는 나쁜 영향이 무엇인지 생각해 본다.	강의참고자료(PPT) 동영상(2분 30초)
	학습목표확인	**학습목표 제시** • 간접흡연 예방에 관한 학습목표를 설명한다.	**학습목표 확인하기** • 설명을 잘 듣는다. • 간접흡연 예방에 대한 학습목표를 확인한다.	

학습 단계 (시간)	주요 학습 활동	교수·학습활동		자료 및 유의점
		교사	학생	
		지난 시간에는 흡연이 우리 몸에 어떤 영향을 주고, 왜 우리가 흡연을 하면 안 되는지에 대해 학습했습니다. 이번 시간에는 타인의 흡연으로 인한 간접흡연의 위험성에 대해 알아보고, 그로 인해 간접흡연이 우리에게 어떤 영향을 주는지에 대해 알아보도록 하겠습니다. ① 간접흡연의 위해성에 대해 말할 수 있다. ② 간접흡연과 관련한 정보를 바탕으로 대책 방안을 세우고, 주변의 흡연인에게 금연을 권유할 수 있다.		
전개 (30분)	학습 활동 안내	**학습활동 안내** **활동 1.** 흡연에 대한 진실 확인 **활동 2.** 간접흡연의 영향과 대책 방안 토의하기 **활동 3.** 금연 권유 홍보 스티커 만들기	**학습활동 인지**	
	개별 작성	**활동 1. 흡연에 대한 진실 확인** • 워크북: 활동 1 '흡연에 대한 진실 확인'을 펴고 각각의 오해에 대한 학생의 생각을 작성하도록 한다. • 학생들의 작성이 끝나면, 강의참고자료 (PPT)를 활용하여 각각의 미신/오해에 대한 정확한 정보를 전달한다. 지금부터 워크북을 펴고 흡연에 대한 미신 또는 오해에 관한 내용에 대한 내 생각을 워크북에 작성하도록 합니다. 작성이 끝났으면, 내 생각과 다른 친구들의 생각은 어떤지 서로 작성한 의견을 비교해 보고, 선생님과 함께 실제 진실은 무엇인지 확인해 보도록 합시다. • 학생들이 작성한 내용과 실제 지식(현실)과 어떤 차이가 있는지 학생들에게 질문하고 이에 대해 학생들의 느낌이 어떤지 생각해 보도록 한다.	**활동 1. 흡연에 대한 진실 확인** • 워크북 활동지를 작성한다. • 작성한 활동지 답안과 강의참고자료의 실제 답을 비교해 본다.	워크북

학습 단계 (시간)	주요 학습 활동	교수·학습활동		자료 및 유의점
		교사	학생	
	모둠 토의	**활동 2. 간접흡연의 영향과 대책 방안 토의하기** • 모둠 별로 활동지를 나누어 주고, 작성 방법을 설명한다. 모둠에서 받은 활동지를 반으로 나누어 한 쪽에는 수업에서 학습한 내용을 바탕으로 간접흡연이 우리에게 미치는 나쁜 영향이 무엇인지 모둠원들이 토의하여 적습니다. 다 작성하였으면, 다른 쪽에는 이러한 간접흡연의 피해를 막을 수 있는 사회적 제도나 방안에 대해 토의해 보고 제안해 봅시다. 사회적 제도 중의 하나는 금연 아파트 지정이 있습니다. 내가 사는 아파트의 주민들이 투표를 통하여 아파트 내에서의 흡연을 하지 못하도록 규제하는 것입니다. 이러한 금연아파트로 지정되면 우리가 어른들의 흡연으로 인해 담배 연기를 맡게 되는 일이 줄어들 수 있습니다.	**활동 2. 간접흡연의 영향과 대책 방안 토의하기** • 모둠원들과 간접흡연의 위해성과 대책방안에 대해 토의하고 활동지를 작성한다.	전지(2절지) 매직(사인펜)
	전체 발표	• 완성된 활동지를 칠판에 붙이고, 모둠 대표가 나와 발표하게 한다. 이제 모둠별로 작성한 내용을 다른 친구들에게 소개합니다. 다른 모둠의 발표를 들으면서 좀 더 효과적인 대책 방안이 될 수 있도록 무엇을 보완하면 좋을지도 함께 생각해 보도록 합시다.	• 모둠 대표가 나와 완성한 우리 모둠의 토의 내용을 소개한다.	
	토의 및 제작	**활동 3. 금연 권유 홍보 스티커 만들기** • 모둠 별로 색지를 나누어 주고, 작성 방법을 설명한다. 모둠에서 받은 색지를 반으로 나누어 한 쪽에는 금연 홍보 스티커의 앞면을, 다른 한 쪽에는 금연 홍보 스티커 뒷면에 들어갈 내용을 꾸며봅시다. 금연 홍보 스티커 앞면에는 금연과 관련한 문구와 그림 등을 꾸미고, 뒷면에는 수업 중 배운 흡연의 위험성과 간접흡연의 해로운 영향 등 금연을 하는데 도움이 될 수 있는 정보를 적으면 됩니다. • 완성된 색지를 칠판에 붙이도록 한다.	**활동 3. 금연 권유 홍보 스티커 만들기** • 금연 권유 홍보 스티커를 만들면서 간접흡연의 위해성을 다시 한 번 인지하고, 주변의 흡연하는 사람에게 금연을 권유하는 계획을 세운다.	워크북 색지(4절지) 매직(사인펜), 색연필

학습 단계 (시간)	주요 학습 활동	교수·학습활동		자료 및 유의점
		교사	학생	
		• 모둠 활동이 끝나면, 완성된 활동지를 모둠 대표가 나와 발표하게 한다. 자 모둠 별로 작성한 금연 홍보 스티커의 내용을 다른 친구들에게 소개합니다. 다른 모둠의 발표를 들으면서 좀 더 효과적이고 매력적인 금연 홍보가 될 수 있도록 무엇을 보완하면 좋을지도 함께 생각해 보도록 합시다.	• 모둠 대표가 나와 완성한 우리 모둠의 금연 홍보 스티커 내용을 소개한다. • 다른 모둠의 발표를 들으면서 우리 모둠에서 보완할 점이 무엇인지 생각해 본다.	
정리 (4분)	학습 정리 및 차시 예고	**학습 내용 정리 및 평가** • 오늘의 학습 주제와 학습 내용의 중요성을 간단히 설명한다. 오늘 수업에서는 우리가 평소 담배에 대해 어떤 미신과 오해를 갖고 있었는지 확인하고, 간접흡연이 왜 우리에게 나쁜 영향을 주는지 알아보았습니다. 흡연을 하면 안 되는 이유는 내가 담배를 피운다고 해서 내 건강에만 영향을 주는 것이 아니라 다른 사람의 흡연으로 인한 연기를 맡는 것만으로도 내 건강에 위험이 될 수 있기 때문입니다. 이러한 점을 생각하면서 왜 내 주변의 담배 피우는 사람에게 간접흡연의 위해성을 알리고 금연을 권유해야 하는지 다시 한 번 되새겨 봅시다. • 학생들이 워크북: 정리 '스스로 평가해 보기'를 작성하면서 수업 내용을 정리하도록 한다. • 다음 시간에는 '음주 예방'과 관련된 내용에 대해 학습할 것임을 예고한다.	**학습 내용 정리 및 평가** • 선생님의 설명을 잘 듣는다. • 워크북의 정리 '스스로 평가해 보기'를 작성하면서 오늘 수업 내용을 되돌아보고 학습한 내용을 정리한다.	워크북

6. 가정 및 지역사회와 연계한 활동

- 교사는 학급통신을 통하여 수업 내용과 개요, 학생들의 반응을 가정에 전달한다.
- 교사는 학생들이 수업 중 작성한 활동지 '간접흡연의 영향과 대책 방안 토의하기'의 내용을 토대로 학생들

이 각 가정에서 부모님과 간접흡연의 피해를 막을 수 있는 사회적 제도나 방안이 무엇이 있을지 함께 이야기해 보는 시간을 갖도록 하고, '금연 권유 홍보 스티커'의 내용을 토대로 학생들이 각 가정에서 부모님과 함께 금연 권유 행위를 연습해 볼 수 있도록 가정의 협조를 구한다.

7. 평가계획

평가	질문내용	응답		
자기 평가	간접흡연의 위해성에 대해 설명할 수 있나요?	우수	보통	노력
	간접흡연 피해를 막을 사회적 제도나 방안을 말할 수 있나요?	우수	보통	노력
상호 평가	금연 권유 홍보 스티커 만들기를 가장 잘 한 모둠은 어디인가요?			
	오늘 수업에서 가장 기억에 남는 것 한 가지를 적어봅시다.			
종합평가	잘한 점		보완할 점	
수업 소감	오늘 수업에서 느낀 점은 무엇인가요?			

활동1) 흡연에 대한 진실 확인 - 교사용 답안

미신 또는 오해	진실
담배는 사람들이 말하는 것처럼 건강에 나쁜 것은 아니다.	대부분의 건강 전문가들은 흡연이 사망이나 여러 질병의 주요 원인이라는데 동의한다. 담배는 흡연자 개인의 혈관을 망가뜨려 손발을 썩게 하거나 상처 회복을 더디게 하고 거의 대부분의 암 발생율을 증가시킨다.
담배는 쉽게 끊을 수 있다.	많은 사람들이 금연이 실패한다. 흡연자의 50%는 한 번 이상 금연을 시도해 본 적이 있으나 실패하였다.
어릴 때 피운 담배의 악영향은 성장하면서 회복되므로 걱정할 필요가 없다.	뇌가 성숙하기 전에 담배를 피우면 니코틴에 더욱 쉽게 의존하게 된다. 금단현상이 더욱 심하게 나타나기 때문에 성인이 되면 더 많이 오래 담배를 피우게 되는 중독 현상이 나타난다.
담배를 피우면 살이 빠진다.	담배는 오히려 뱃살을 찌운다는 연구가 있다. 흡연을 하면 몸 속의 코르티솔이라는 호르몬이 35% 증가하는데 이 코르티솔이 지방분해를 억제해 지방이 우리 몸에 쌓이게 한다.
아빠가 베란다(또는 밖)에서 담배를 피우는 것은 괜찮다.	간접흡연시 맡게 되는 것은 대부분 부류연(담배 끝에서 나오는 연기)으로 흡연자가 담배를 피울 때 들이마시는 연기보다 해로운 물질이 2~3배 더 많다. 지속적으로 간접흡연에 노출되면 각종 질병의 발생률이 증가한다.
전자 담배는 일반 담배보다 훨씬 건강하다.	세상에 '건강한' 담배는 없다. 전자 담배라도 여전히 니코틴을 포함하고 있고, 타르와 일산화탄소를 만든다. 이러한 성분들은 모두 폐에 위해한 물질이다.

활동2) 간접흡연의 영향과 대책 방안 토의하기

1. 모둠별로 활동지를 받습니다.
2. 수업에서 학습한 담배 연기 흡입으로 인한 간접흡연이 우리 몸에 미치는 나쁜 영향이 무엇인지 모둠원들과 상의하여 작성합니다.
3. 간접흡연의 피해를 막을 수 있는 사회적 제도나 방법을 모둠원들과 토의하여 제안해 봅시다.

간접흡연, 이제 그만!

모둠명	
간접흡연이 우리 몸에 미치는 영향	간접흡연 대책 방안

활동3) 금연 권유 홍보 스티커 만들기

수업에서 학습한 내용을 바탕으로 주변의 담배 피우는 사람들에게 나누어 줄 금연 권유 홍보 스티커를 만들어 봅시다.

> ❶ 앞면에는 금연과 관련한 문구나 그림을 그려 한 눈에 금연의 필요성에 대해 기억할 수 있도록 합시다.
> ❷ 뒷면에는 흡연의 위해성과 간접 흡연의 해로운 영향 등 금연을 하는데 도움이 될 수 있는 정보를 적어봅시다.

금연 권유 홍보 스티커 앞면	금연 권유 홍보 스티커 뒷면

PART 07 음주 예방

알코올이 우리 몸에 미치는 위해성을 알고 음주 예방 목표를 세운다.

1. 수업의 개관

이 수업에서는 음주를 통해 섭취하는 알코올이 우리 몸에 미치는 나쁜 영향에 대하여 알아보고, 이를 통해 음주의 위해성에 대해 학습한다. 또한 음주로 인한 영향이 나의 몸뿐 아니라 주변 사람과 환경에도 어떤 영향을 미칠 수 있는지 생각해 봄으로써 음주 예방에 대한 목표를 설정하고 음주 예방 의지를 세울 수 있다.

2. 수업의 학습목표

① 알코올이 내 몸에 주는 나쁜 영향에 대해 말할 수 있다.
② 음주가 주변 사람, 주변 환경에 미치는 영향에 대해 말할 수 있다.

3. 활동 내용 및 준비물

- 워크북: 활동 1 '음주에 대한 진실 확인'
- 워크북: 활동 2 '알코올이 우리 몸에 미치는 영향 알아보기'
- 워크북: 활동 3 '청소년 음주 예방 카톡 이모티콘 만들기'
- 직소퍼즐 (모둠 수별 청소년 음주 예방 캠페인 광고 그림, 뽑기용 봉투)
- 색지 (4절지)
- 색종이 (두꺼운 것)
- 매직(사인펜), 색연필

4. 주요 라이프스킬 개념

- 비판적 사고
- 의사결정스킬
- 자기주장스킬

알코올이 우리 몸에 미치는 영향력과 음주에 대한 오해와 진실을 알아봄으로써 정보의 영향력을 분석하고, 반성적 사고를 통해 내가 하는 행위에 대한 올바른 판단을 할 수 있도록 하는 비판적 사고 능력을 습득한다. 이를 바탕으로 음주 행위가 주변 사람과 환경에 미치는 영향과 결과를 인지하고, 음주 예방에 대한 확실한 목표를 설정하여 금주를 주변에 권할 수 있는 자기주장스킬을 학습한다.

5. 교수-학습과정

수업명	7. 음주 예방		활동시간	40 분
학습주제	알코올이 우리 몸에 미치는 위해성을 알고 음주 예방 목표 세우기			
학습목표	① 알코올이 내 몸에 주는 나쁜 영향에 대해 말할 수 있다. ② 음주가 주변 사람, 주변 환경에 미치는 영향에 대해 말할 수 있다.			
수업전략	주 활동:	활동 2. 알코올이 우리 몸에 미치는 영향 알아보기 [모둠활동]		
	선택 활동:	활동 1. 음주에 대한 진실 확인 [개별활동] 활동 3. 청소년 음주 예방 카톡 이모티콘 만들기 [모둠활동]		
	• 5~6 명으로 모둠을 편성하여 음주와 관련된 오해에 대한 의견을 나누고 알코올이 우리 몸에 미치는 영향에 대하여 학습한다. • 음주 행위가 우리 몸과 주변에 미치는 위해성을 인지하고, 주변인에게 금주를 권유할 때 사용 할 수 있는 음주 예방 카톡 이모티콘을 만든다.			
교수·학습 활동 및 자료	활동지	워크북: 활동 1 '음주에 대한 진실 확인' 워크북: 활동 2 '알코올이 우리 몸에 미치는 영향 알아보기' 워크북: 활동 3 '청소년 음주 예방 카톡 이모티콘 만들기'	라이프스킬 주 개념	비판적 사고 의사결정스킬 자기주장스킬
	준비물	직소퍼즐 (모둠 수별 청소년 음주예방 캠페인 광고 그림, 뽑기용 봉투) 색지 (4절지) 색종이 (두꺼운 것) 매직(사인펜), 색연필		

학습 단계 (시간)	주요 학습 활동	교수·학습활동 교사	교수·학습활동 학생	자료 및 유의점
	모둠 편성	**모둠 구성 활동: 직소퍼즐 게임하기** • 직소퍼즐 게임 방법을 설명하고 게임을 통해 모둠이 만들어지도록 한다. 이 봉투 안에는 몇 장의 그림 조각이 들어 있습니다. 지금부터 순서대로 한 장씩 뽑도록 합니다. 전원이 다 뽑았으면 직소퍼즐을 맞추듯 같은 그림에 포함되는 조각을 가지고 있는 사람을 찾으세요. 그림이 완성되면 그 사람들이 한 모둠이 됩니다. 모둠이 만들어졌으면 책상을 붙여 모둠별로 앉고 모둠별 발표자를 정하도록 합니다. • 직소퍼즐은 '청소년 음주 예방 캠페인'과 관련된 말이나 이미지를 사용하도록 한다. 만들려고 하는 모둠 수에 맞춰 준비하고 수업 전에 조각을 내어 봉투에 넣어둔다.	**모둠 만들기** • 봉투에서 퍼즐조각을 꺼내 같은 그림에 포함되는 조각을 갖고 있는 사람을 찾아 모둠을 만든다. • 모둠을 만들고 자리에 앉아 모둠별 발표자를 정한다.	직소퍼즐카드 뽑기용 봉투 ※직소퍼즐의 그림은 간단한 것으로 준비하여 너무 지체되지 않도록 한다.
도입 (5분)	동기 유발	**함께 생각해 보기: 청소년의 음주 시작 동기** • 청소년들이 처음 음주를 하게 되는 동기에 대한 그래프를 보고 학생들이 음주에 대해 큰 문제의식을 갖지 않는다는 점에 대해 생각해 볼 수 있도록 한다. 이 그래프는 어떤 질문에 대해 청소년들이 답한 내용을 정리한 것입니다. 무슨 질문이었을까요? 질문은 한번이라도 술을 마셔본 적 있는 청소년들이 처음 술을 먹게 된 동기가 무엇이었는지 물어본 것이었습니다. 청소년들이 술을 마시게 된 동기로는 음복 등 '어른들의 권유'가 30% 이상을 차지해 가장 많았고 이어 '친구나 선배의 권유', '호기심'과 '스트레스 해소' 등의 순으로 나타났습니다. 우리나라는 예전부터 제사 후 제사 음식과 술을 나눠 마시는 음복이라는 풍습이 있어 복을 기원한다는 의미로 어른부터 어린 아이까지 제사상에 오른 술을 나눠먹고는 했습니다. 이러한 풍습이 오랜 기간 지나오면서 우리 사회에 음주에 대한 다소 너그러운 태도가 형성되었습니다. 여러분도 가족이나 형, 누나가 술 한 잔은 괜찮다고 권한 적이 있었나요? 아니면 술을 먹으면 어떤 기분일까 호기심이 생긴 적이	**함께 생각해 보기: 청소년의 음주 시작 동기** • 그래프를 보며 선생님의 질문에 답한다. • 음주와 관련된 경험(주변 어른들의 음복 권유 혹은 호기심)이 있었는지 생각해 본다.	강의참고자료 (PPT)

학습 단계 (시간)	주요 학습 활동	교수 · 학습활동		자료 및 유의점
		교사	학생	
	학습 목표 확인	있었나요? 앞으로 왜 음주가 청소년인 우리 몸에 해롭고 하면 안 되는지 알아보기로 합시다. **학습목표 제시** • 음주 예방에 관한 학습목표를 설명한다. 지난 시간에는 흡연이 우리 몸에 어떤 영향을 주고, 우리 스스로 흡연하지 않는 것 외에 주변에 금연을 권유해야 하는 이유에 대해 생각해 보았습니다. 이번 시간에는 술에 포함되어 있는 알코올이 우리 몸에 어떤 영향을 미치는지 알아보고, 음주로 인해 우리 몸뿐 아니라 주변 사람과 주변 상황에도 어떤 영향을 주는지에 대해 알아보도록 하겠습니다. ① 알코올이 내 몸에 주는 나쁜 영향에 대해 말할 수 있다. ② 음주가 주변 사람, 주변 환경에 미치는 영향에 대해 말할 수 있다.	**학습목표 확인하기** • 설명을 잘 듣는다. • 음주 예방에 대한 학습목표를 확인한다.	
전개 (27분)	학습 활동 안내 개별 활동	**학습활동 안내** **활동 1. 음주에 대한 진실 확인** **활동 2. 알코올이 우리 몸에 미치는 영향 알아보기** **활동 3. 청소년 음주 예방 카톡 이모티콘 만들기** **활동 1. 음주에 대한 진실 확인** • 워크북: 활동 1 '음주에 대한 진실 확인'을 펴고 각각의 오해에 대한 학생의 생각을 작성하도록 한다. • 학생들의 작성이 끝나면, 강의참고자료 (PPT)를 활용하여 각각의 미신/오해에 대한 정확한 정보를 전달한다.	**학습활동 인지** **활동 1. 음주에 대한 진실 확인** • 워크북의 미신/오해에 관한 내용을 읽고 이에 대한 내 생각을 적는다. • 워크북에 작성한 내용과 강의참고자료의 실제 답을 비교해 본다.	강의참고자료 (PPT) 워크북 ※활동 1은 수업 시간을 고려하여 교사 재량에 따라 선택하여 할 수 있다.

학습 단계 (시간)	주요 학습 활동	교수·학습활동		자료 및 유의점
		교사	학생	
	토의 및 제작	지금부터 워크북을 펴고 각각의 미신 또는 오해에 관한 내용에 대한 내 생각을 워크북에 작성하도록 합니다. 작성이 끝났으면, 내 생각과 다른 친구들의 생각은 어떤지 서로 작성한 의견을 비교해 보고, 선생님과 함께 실제 진실은 무엇인지 확인해 보도록 합시다. • 학생들이 작성한 내용과 실제 지식(현실)과 어떤 차이가 있는지 학생들에게 질문하고 이에 대해 학생들의 느낌이 어떤지 생각해 볼 수 있는 시간을 마련한다. **활동 2. 알코올이 우리 몸에 미치는 영향 알아보기** • 강의참고자료 (PPT)를 참고하여 술에 포함되어 있는 알코올이 신체에 어떤 영향을 미치는지 학생들에게 설명한다. 술을 마시면 알코올은 즉각적으로 우리 몸으로 흡수되어 혈관을 타고 우리 몸의 거의 모든 장기에 영향을 줍니다. PPT 화면을 보면서 알코올이 우리 몸에 미치는 영향을 자세히 알아보겠습니다. • 워크북: 활동 2 '알코올이 우리 몸에 미치는 영향'를 바탕으로 모둠마다 퀴즈 문제를 낼 신체 기관을 하나(또는 둘)씩 지정하여 알려준다. • 모둠별로 색지를 나누어 주고, 퀴즈 문제 작성 방법을 설명한다. 모둠마다 색지 4장을 받습니다. 색지 한 장에 다른 반 친구들에게 낼 퀴즈 문제를 적습니다. 문제 내용은 앞에서 배운 알코올이 우리 몸에 미치는 영향 내용을 참고하여 작성합니다. 문제를 만들 때 워크북: 활동 2 '알코올이 우리 몸에 미치는 영향' 의 내용을 참고해도 좋습니다. 모둠마다 색지 2장에 총 2문제를 만들고 문제에 대한 답을 다른 색지에 적습니다. 퀴즈 문제는 친구들이 배운 내용 중에서 친구들이 꼭 알아야 하거나 관심을 가질 만한 것들로 합니다.	**활동 2. 알코올이 우리 몸에 미치는 영향 알아보기** • 강의참고자료 (PPT) 내용을 보면서 선생님의 설명을 듣는다. • 색지를 받고 선생님의 설명을 듣는다. • 수업 내용과 워크북: 활동 2 '알코올이 우리 몸에 미치는 영향' 의 내용을 참고하여 퀴즈 문제와 답을 모둠원들과 의논하여 작성한다.	강의참고자료 (PPT) 색지 (4절지) 매직(사인펜), 색연필

학습 단계 (시간)	주요 학습 활동	교수·학습활동		자료 및 유의점
		교사	학생	
	전체 발표	• 모둠별로 작성한 문제를 모둠 대표가 다른 모둠 친구들에게 퀴즈 문제로 내도록 한다. • 발표하는 모둠 외의 학생들은 이 퀴즈 문제에 대한 답을 하도록 한다. 모둠별로 작성한 퀴즈문제를 다른 모둠 친구들에게 퀴즈로 내겠습니다. 다른 모둠 친구들은 문제를 잘 듣고 답을 알 것 같으면 손을 들어 답을 말해 봅시다. • 학생들이 작성한 문제가 너무 어려울 경우, 만든 모둠의 학생들이 힌트를 주도록 안내하고, 답이 틀리거나 추가적인 설명이 필요할 경우 즉시 추가 설명을 해준다. • 수업 시간을 고려하여 퀴즈 문제가 겹치거나 비슷할 경우, 뒤 모둠은 앞 모둠과 다른 문제만 발표하도록 한다.	• 모둠 대표는 우리 모둠에서 작성한 문제를 크게 읽는다. • 다른 모둠 학생들은 퀴즈 문제를 듣고 손을 들어 답을 말한다.	
	토의 및 제작	**활동 3. 청소년 음주 예방 카톡 이모티콘 만들기** • 모둠별로 이모티콘을 디자인할 색종이를 충분히 받고 음주 예방을 위한 이모티콘 모양을 만든다. 지금까지 우리가 술을 마시면 어떠한 위험성이 있는지 살펴보았습니다. 이렇게 우리에게 나쁜 영향을 주는 음주 행위를 예방하기 위해 우리가 자주 쓰는 카톡에서 사용할 수 있는 음주 예방 이모티콘을 함께 아이디어를 내어 만들어 봅시다. • 활동 시간에 따라 2~3 가지 이모티콘을 디자인하도록 한다. • 완성된 이모티콘 디자인을 칠판에 붙이도록 한다.	**활동 3. 청소년 음주 예방 카톡 이모티콘 만들기** • 워크북 활동 3의 기본 디자인을 참고하여 모둠원들이 함께 음주 예방용으로 사용할 수 있는 카톡 이모티콘을 디자인한다.	색종이 (두꺼운 것) 매직(사인펜), 색연필 ※활동 3은 수업 시간을 고려하여 교사 재량에 따라 선택하여 할 수 있다.
	전체 발표	• 이모티콘 디자인이 완성되었으면, 모둠 대표가 나와 간단히 발표한다. 모둠별로 완성한 이모티콘에 대해 간단히 다른 친구들에게 소개해 봅시다. 다른 모둠의 디자인을 보면서 어떤 점이 좋고, 어떤 점을 보완하면 좋을지 생각해 봅시다.	• 모둠 대표가 나와 음주 예방 이모티콘 내용을 소개한다.	

학습 단계 (시간)	주요 학습 활동	교수·학습활동		자료 및 유의점
		교사	학생	
정리 (8분)	학습 정리 및 차시 예고	**학습 내용 정리 및 평가** **정리: '업앤다운 게임'** • 업앤다운 게임을 통하여 학습한 내용을 정리해 보는 시간을 갖는다. 이번 수업에서 배운 내용을 바탕으로 업앤다운 게임을 해보겠습니다. 이 게임은 선생님이 주제를 말하면 여러분들이 한사람씩 차례로 업(증가)되는 것, 다운(감소)되는 것을 번갈아가면서 이어 말하는 게임입니다. 예를 들어 주제가 '술을 마시면' 이라면 첫 번째 사람이 다운되는 것을 말합니다. '술을 마시면 주의력이 떨어진다'. 그럼 다음 사람은 업되는 것을 이어서 말합니다. '주의력이 떨어지면, 선생님 꾸중이 늘어난다'. 다음 사람은 이어서 다시 다운되는 것을 말합니다. '꾸중이 늘면, 성적이 떨어진다'. 그럼 우리도 시작해 볼까요? '술을 마시면~' • 오늘의 학습 주제와 학습 내용의 중요성을 간단히 설명한다. 이번 시간에는 음주가 우리 몸에 미치는 위해성에 대해 학습하였습니다. 주변의 어른들이나 미디어 속에서 흔하게 접할 수 있는 술은 우리의 호기심을 부추길 수 있지만, 그 음주로 인한 영향은 생각보다 많은 곳에 나쁜 결과로 이어져 있습니다. 나를 위해 음주를 하지 않겠다고 다짐하는 것이 왜 필요하고 또 주위에 금주를 권유하는 것이 왜 중요한지 오늘 수업 내용을 바탕으로 꼭 되짚어 보기 바랍니다. • 워크북의 정리 '스스로 평가해 보기'를 작성하도록 안내한다. • 다음 시간에는 '미디어 리터러시: 광고 재해석'과 관련된 내용에 대해 학습할 것임을 예고한다.	**학습 내용 정리 및 평가** **정리: '업앤다운 게임'** • 해당 학생은 자리에서 일어나 자기 차례에 해당하는 '업' 또는 '다운'의 말을 이어 말한다. • 선생님의 설명을 잘 듣는다. • 워크북의 정리 '스스로 평가해 보기'를 작성하면서 오늘 수업 내용을 되돌아보고 학습한 내용을 정리한다.	 워크북

6. 가정 및 지역사회와 연계한 활동

- 교사는 학급통신을 통하여 수업 내용과 개요, 학생들의 반응을 가정에 전달한다.
- 교사는 학생들이 수업 중 작성한 워크북: 활동 3 '청소년 음주 예방 카톡 이모티콘 만들기'의 내용으로 학생들이 각 가정에서 부모님과 함께 권유 연습을 해 볼 수 있도록 가정의 협조를 구한다.

7. 평가계획

평가	질문내용	응답		
자기 평가	알코올을 섭취하면 우리 몸에 어떠한 영향을 주는지 설명할 수 있나요?	우수	보통	노력
	청소년기에 왜 음주를 하면 안 되는지 말할 수 있나요?	우수	보통	노력
	주변에 술을 마시는 사람이 있다면 오늘 배운 내용을 토대로 금주를 권유할 수 있나요?	우수	보통	노력
상호 평가	음주 예방 카톡 이모티콘 만들기를 가장 잘 한 모둠은 어디인가요?			
	오늘 수업에서 가장 기억에 남는 것 한 가지를 적어봅시다.			
종합 평가	잘한 점		보완할 점	
수업 소감	오늘 수업에서 느낀 점은 무엇인가요?			

활동1 음주에 대한 진실 확인 - 교사용 답안

미신 또는 오해	진실
기분을 좋게 하는 가장 효과 좋은 방법은 술을 마시는 것이다.	알코올은 일시적으로 기분을 좋게 해준다. 그러나 이러한 기분 좋음은 알코올이 우리 몸에서 빠져나가면 바로 사라진다. 그리고 그 이후 짧은 기분 좋음에 이어 피곤함이나 우울함, 불안함 같은 부정적인 감정이 나타난다. 지속적으로 기분 좋은 감정을 느끼기 위해서는 운동이나 취미활동 등을 통해 자연스럽게 느끼는 것이 가장 바람직하다.
술을 많이 잘 마시는 사람일수록 몸이 강한 것이다.	다른 약물 섭취와 마찬가지로, 술을 많이 마실수록 몸에 더 많은 영향이 나타난다. 사람의 몸은 점차적으로 알코올에 내성이 생기고, 내성이 강해질수록 알코올에 대한 의존도도 높아진다. 이에 따라 중독의 위험도도 함께 높아진다.
어른이 주는 술은 마셔도 된다.	어린 시절부터 부모의 음주 행위를 보고 자란 청소년은 성인이 되어서도 음주에 더 긍정적인 태도를 갖게 되기 쉽고 그만큼 알코올 중독이 되기 쉽다.
술 한두 잔은 건강에 도움이 된다.	우리의 건강에 유익하거나 안전한 술은 없다. 2016년 세계 질병 부담 보고서에 따르면, 술은 전 세계 15~49세에 해당하는 280만 명의 주요 사망 위험요인으로 보고된 바 있다. 즉, 알코올과 관련된 암과 심혈관 질환이 사망의 주요 원인이라는 것이다.
술을 마시면 숙면을 취하는데 도움이 된다.	술에 있는 알코올은 잠이 오게 한다. 그러나 알코올은 수면을 돕는 전문약과 달리 편안한 수면을 하게 돕지 않는다. 알코올에 의한 수면은 일반적인 수면과는 다르다. 술을 마신 후 잠에서 깨면 피곤함과 불안감 등을 느끼게 된다.

활동2 알코올이 우리 몸에 미치는 영향 알아보기 (참고 자료)

심장: 알코올을 섭취하면 심박동수가 느려진다. 장시간 과음을 하면 심장병, 뇌졸중, 고혈압의 위험이 증가할 수 있다.

위: 알코올을 섭취하면 위산 분비가 많아져서 배탈이 날 수 있다. 장시간 알코올을 많이 섭취하면 위장의 내벽이 손상되어, 궤양이나 위암이 발생할 수 있다.

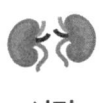
신장: 알코올을 섭취하면 신체의 소변량 생성이 증가하여, 신장의 과로를 불러온다. 장시간 과음을 하면 신부전증으로 이어질 수 있다.

피부: 알코올을 섭취하면 얼굴에 피부조홍과 유사한 붉은 홍기가 생긴다. 피부 표면과 가까운 곳에 더 많은 혈액이 흐르게 되기 때문이다. 장시간 알코올을 너무 많이 섭취하면 여드름이 더욱 악화되고 피부가 부어 보일 수 있다.

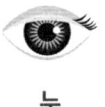
눈: 알코올을 섭취하면 시력이 흐려질 수 있다. 눈동자(눈의 중앙에 있는 검은 부분)가 작아져서, 눈이 빛에 적응하기 어려워진다.

뼈: 장시간 많은 양의 알코올을 섭취하면, 인체에서 뼈를 만드는 칼슘을 흡수하기가 더 어려워진다. 결국, 이로 인해, 뼈가 얇아지고 부서지기 쉽다.

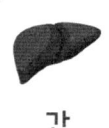
간: 간은 매우 중요한 장기이다. 혈액에서 독을 여과해내고 몸을 만드는 단백질을 만든다. 간이 알코올을 분해하는 역할을 하기 때문에, 인체에서 알코올을 제거할 수 있다. 장시간 과음을 하면 간의 영구적 손상을 불러와 간경변과 같은 질환이 발생한다.

활동2 알코올이 우리 몸에 미치는 영향 알아보기

앞에서 학습한 알코올이 우리 몸에 미치는 영향들을 바탕으로 퀴즈 문제를 만들어요. 문제와 답을 다 만들고 나면 우리 모둠이 만든 문제를 다른 모둠 친구들에게 퀴즈로 내고 맞춰보게 해요.

'퀴즈/문제' 내기

문제 1 :

답 1 :

문제 2 :

답 2 :

문제 3 :

답 3 :

활동3 청소년 음주 예방 카톡 이모티콘 만들기

수업에서 학습한 내용을 바탕으로 주변 친구들에게 성인이 될 때까지 술을 마시지 않도록 권유할 때 사용할 수 있는 카톡 이모티콘을 디자인해 봅시다.

3단원

디지털 미디어 시대 대처하기

--- ★★★ ---

8 미디어 리터러시 : 광고 재해석

9 미디어와 폭력

10 디지털 중독 예방

PART 08 미디어 리터러시: 광고 재해석

다양한 매체의 메시지를 분석, 이해, 평가할 수 있는 미디어 리터러시 능력을 기른다.

1. 수업의 개관

미디어 리터러시(media literacy)란, 다양한 매체의 메시지에 접근하여 분석, 이해, 평가하고 의사소통할 수 있는 능력을 일컫는 말이다. 미디어 리터러시가 중요한 이유는 오늘날 사회는 과거와는 다르게 미디어를 매개로 소통하는 경우가 많기 때문에 정보의 바다에서 옳고 그름을 따져서 자기에게 필요한 정보를 걸러내는 능력이 필수적이기 때문이다. 따라서 소셜 미디어, 스트리밍 서비스 등 빠르게 변화하는 미디어 시대에서 요구되는 미디어 리터러시 교육의 제공은 청소년의 정서함양에 있어 매우 중요하다.

2. 수업의 학습목표

① 미디어 리터러시가 무엇인지 말할 수 있다.
② 미디어를 비판적으로 봐야 하는 필요성에 대해 말할 수 있다.

3. 활동 내용 및 준비물

- 워크북: 활동 1 '미디어의 영향력과 미디어 리터러시'
- 워크북: 활동 2 '광고의 비밀 분석하기'
- 술, 담배 광고 예시 자료
- 모둠편성용 종이카드
- 전지 (또는 2절지)
- 매직(사인펜), 색연필

4. 주요 라이프스킬 개념

- 비판적 사고
- 의사결정스킬

내가 보고 느끼는 것에 대해 정확히 인지하고, 자신이 결정한 것에 대해 논리적으로 의사를 표현할 수 있게 된다. 또한 주어진 상황이나 정보에 순응하는 것이 아닌 자신만의 비판적 시각을 통하여 정보의 선별적 습득과 가치 판단 능력을 함양한다.

5. 교수-학습과정

수업명	8. 미디어 리터러시: 광고 재해석		활동시간	40 분
학습주제	다양한 매체의 메시지를 분석, 이해, 평가할 수 있는 미디어 리터러시 능력 기르기			
학습목표	① 미디어 리터러시가 무엇인지 말할 수 있다. ② 미디어를 비판적으로 봐야 하는 필요성에 대해 말할 수 있다.			
수업전략	주 활동:	활동 1. 미디어의 영향력과 미디어 리터러시 [개별활동] 활동 2. 광고의 비밀 분석하기 [모둠활동]		
	• 미디어 리터러시에 대해 학습한다. • 모둠 내 2~3 명씩 짝을 지어 활동지에 주어진 술·담배 광고를 분석하고, 실제 술·담배 제품의 문제점을 포함하여 광고를 재생산한다.			
교수·학습 활동 및 자료	활동지	워크북: 활동 1 '미디어의 영향력과 미디어 리터러시' 워크북: 활동 2 '광고의 비밀 분석하기'	라이프스킬 주 개념	비판적 사고 의사결정스킬
	준비물	술, 담배 광고 예시 자료 모둠편성용 종이카드 전지 (또는 2절지) 매직(사인펜), 색연필		

학습 단계 (시간)	주요 학습 활동	교수·학습활동		자료 및 유의점
		교사	학생	
도입 (7분)	모둠 편성	**모둠 구성 활동: 친구 찾기 게임** • 친구 찾기 게임을 통해 모둠을 편성하도록 안내한다. • 한 사람당 한 장의 종이를 나누어 준다. '요즘 내가 물건 (또는 음식)을 사게 만든 광고나 내가 요즘 빠져있는 광고' 한 가지를 종이에 적도록 합니다. • 모둠 구성 방법을 설명한다. 적은 종이를 가지고 비슷한 종류의 광고 (TV 음식, 물건, 혹은 인터넷 광고, 게임 광고 등)을 적은 사람끼리 5~6명의 모둠을 만듭니다. 만들어진 모둠은 자리에 앉아 대표를 선정하세요. • 모둠에서 발표할 대표를 선정하도록 한다	**모둠 만들기** • '요즘 내가 물건 (또는 음식)을 사게 만든 광고나 내가 요즘 빠져있는 광고' 한 가지를 종이에 쓰고 교실을 돌며 자신과 비슷한 내용을 쓴 친구를 찾아 5~6명의 모둠을 만든다. • 모둠을 만들고 자리에 앉아 모둠별 발표자를 정한다.	모둠 편성용 종이(포스트잇 또는 작은 색상지)
	동기 유발	**활동 1. 미디어의 영향력과 미디어 리터러시** • 워크북: 활동 1을 펴고 모둠 편성시 선택한 광고가 무엇이고 내가 끌린 이유가 무엇이었는지 작성하도록 한다. • 워크북에 작성한 것을 바탕으로 일상생활에서 흔히 접하는 미디어 (예, 광고) 콘텐츠의 메시지가 우리 생활 속의 의사결정에 미치는 영향력을 생각해 보게 한다. • 왜 미디어를 비판적으로 봐야 하는지에 대해 설명하고, '미디어 리터러시'의 필요성에 대해 설명한다. 우리는 생활 속에서 생각보다 많은 미디어의 영향력 아래 살고 있습니다. 예를 들어 잠깐 인터넷 뉴스를 보거나 옆에 내가 좋아하는 아이돌이 선전하는 음료수 광고가 반짝이는 것을 본 순간, 그 음료수에 대한 긍정적인 이미지가 생기고 다음에 편의점에 가서 그 음료수를 찾게 되는 것처럼 말입니다. 이렇듯 우리의 생활은 이제 미디어와 떼려야 뗄 수 없는 관계가 되었기 때문에 조금 더 똑똑히 미디어가 우리에게 주는 메시지를 알아보고 휩쓸리지 않도록 내 스스로의 판단을 할 수 있는 능력을 길러야 합니다. 그 능력이 바로 '미디어 리터러시' 입니다.	**활동 1. 미디어의 영향력과 미디어 리터러시** • 워크북: 활동 1에 모둠 편성시 선택했던 광고와 그 이유에 대해 작성한다. • 선생님의 설명을 잘 듣고, 미디어 리터러시의 의미와 우리가 일상생활에서 흔히 접하는 미디어가 우리 생활에 미치는 영향에 대해 생각해 본다.	워크북 강의참고자료 (PPT)

학습 단계 (시간)	주요 학습 활동	교수 · 학습활동		자료 및 유의점
		교사	학생	
	학습 목표 확인	미디어 리터러시란, 다양한 매체의 메시지에 접근하여 분석, 이해, 평가하고 의사소통할 수 있는 능력을 일컫는 말입니다. **학습목표 제시** • 미디어 리터러시에 관한 학습목표를 설명한다. 오늘 수업시간에는 우리가 자주 보는 TV, 영화, 인터넷 유튜브 동영상, 인터넷 신문과 같이 미디어를 통해 접하는 메시지를 어떻게 보고, 왜 그 정보를 선별적으로 받아들여야 하는지에 대해 생각해 보는 시간을 갖도록 하겠습니다. ① 미디어 리터러시가 무엇인지 말할 수 있다. ② 미디어를 비판적으로 봐야 하는 필요성에 대해 말할 수 있다.	**학습목표 확인하기** • 설명을 잘 듣는다. • 미디어 리터러시에 대한 학습목표를 확인한다.	
전개 (29분)	학습 활동 안내 토의 및 제작	**학습활동 안내** **활동 2. 광고의 비밀 분석하기** **활동 2. 광고의 비밀 분석하기** • 우리가 흔히 접할 수 있는 담배 광고에 관한 뉴스 동영상을 통해 광고를 비판적으로 봐야 하는 이유에 대해 생각해 보도록 한다. • 모둠별로 분석할 광고 예시 자료를 나누어 준다. • 광고 이름 / 등장인물, 캐릭터, 배경, 풍경, 사용된 색상 / 제작자의 의도 등 광고 내용에 대해 분석하여 모둠 토의를 진행하도록 안내한다. • 광고에 사용된 제품이 우리에게 미치는 영향을 다방면 (신체적, 정신적, 사회적, 경제적 측면)에서 생각해 보고 적도록 한다. • 앞서 분석한 내용과 토의한 내용을 바탕으로 광고 제품의 해로운 점을 경고하는 내용을 담은 새로운 광고를 만들어 보도록 한다.	**학습활동 인지** **활동 2. 광고의 비밀 분석하기** • 동영상을 보면서 광고를 비판적으로 봐야 하는 이유를 생각한다. • 워크북: 활동 2의 참고 자료와 강의 자료를 참고하여 우리 모둠에 주어진 광고를 분석한다. • 광고가 사람들에게 미치는 영향에 대해 다양하게 생각해 보고 모둠원들과 토의하여 활동지를 작성한다.	강의참고자료 (PPT) 동영상 자료 (2분 25초) 술, 담배 광고 예시 자료 전지 (또는 2 절지) 매직(사인펜), 색연필

학습 단계 (시간)	주요 학습 활동	교수 · 학습활동		자료 및 유의점
		교사	학생	
		지금부터 모둠별로 받은 광고 자료를 분석해 보겠습니다. 분석할 내용은 광고 이름 / 등장인물, 캐릭터, 배경, 풍경, 사용된 색상 / 제작자의 의도 등입니다. 모둠 친구들과 상의하면서 광고를 보고 느낀 생각과 첫 인상 등을 자유롭게 이야기해 봅시다. 분석한 광고가 우리에게 미치는 영향이 무엇이 있는지 신체적, 정신적, 사회적, 경제적 측면 등을 다양하게 고려하여 토의해 봅시다. 우리가 분석한 광고의 제품은 해로운 점이 많음에도 광고에서는 아주 작은 글씨로 표현되어 있거나 아예 설명되어 있지 않고 좋은 이미지만 주고 있는 경우가 많습니다. 소비자가 현명한 판단을 할 수 있도록 제품의 해로운 점 혹은 경고 문구가 잘 보이도록 새로운 광고를 만들어 봅시다.	• 광고 제품의 해로운 점 (경고문구)을 포함한 새로운 광고를 만든다.	
	전체 발표	• 새로운 광고가 완성되었으면, 모둠 대표가 나와 발표하도록 안내한다.	• 모둠 대표는 반 친구들에게 모둠에서 작성한 광고 분석 내용과 새 광고를 소개한다.	
		모둠별로 분석한 광고 내용과 새롭게 만든 광고에 대해 다른 친구들에게 소개해 봅시다. 다른 모둠의 광고를 보면서 어떤 점이 좋고, 어떤 점을 보완하면 좋을지 생각해 봅시다.		
정리 (4분)	학습 정리 및 차시 예고	**학습 내용 정리 및 평가** • 미디어에서 전달하는 메시지를 수동적으로 받아들이는 것이 아닌 능동적이고 비판적으로 보는 능력을 길러야 함을 강조한다.	**학습 내용 정리 및 평가** • 미디어 메시지를 수동적으로 받아들이는 것이 위험함을 알고 나에게 미치는 영향이 어떨지 생각하며 미디어를 활용해야 함을 기억한다.	
		여러분은 궁금하거나 모르는 것이 있을 때 어떻게 하나요? 제일 먼저 선생님이나 부모님께 물어보거나 책을 찾아보면서 궁금증을 풀려고 하는 사람도 있고 아니면 네이버와 같은 인터넷 검색 사이트를 이용하는 경우도 많을 거예요. 우리는 일상생활 속에서 많은 정보와 미디어 속에 노출되어 있습니다. 인터넷 사이트만 들어가도 많은 광고와 뉴스, 정보들이 있습니다. 이러한 많은 정보를 그냥 있는 그대로 수동적으로 받아들이는 것이 아닌 내가 생각하고 배운 대로 내 기준에 의해 옳고 그름을 판별해서		

학습 단계 (시간)	주요 학습 활동	교수 · 학습활동		자료 및 유의점
		교사	학생	
		받아들이는 능력을 키우는 것이 무엇보다 중요하다는 것을 꼭 기억하도록 합시다.		
		• 워크북: 정리 '스스로 평가해 보기'를 작성하도록 한다.	• 워크북의 활동지 정리 '스스로 평가해 보기'를 작성하면서 오늘 수업 내용을 되돌아보고 학습한 내용을 정리한다.	워크북
		• 다음 시간에는 '미디어와 폭력'과 관련된 내용에 대해 학습할 것임을 예고한다.		

6. 가정 및 지역사회와 연계한 활동

- 교사는 학급통신을 통하여 수업 내용과 개요, 학생들의 반응을 가정에 전달한다.
- 교사는 학생들이 수업 중 작성한 활동지 '광고의 비밀 분석하기'의 내용을 토대로 학생들이 올바르게 미디어(TV 인터넷, 게임 등)를 활용하는 습관을 기를 수 있도록 이에 대한 가정에서의 지도와 관심을 요청한다.

7. 평가계획

평가	질문내용	응답		
자기 평가	미디어 리터러시가 무엇인지 설명할 수 있나요?	우수	보통	노력
	미디어에서 전달되는 메시지를 한 번 더 생각해 보고 무슨 의미인지 다른 사람에게 설명할 수 있나요?	우수	보통	노력
	오늘 수업에 적극적으로 참여했나요?	우수	보통	노력
상호 평가	우리 모둠원들은 모둠 토의 활동 중 논리적으로 의견을 잘 표현했나요?	우수	보통	노력
	오늘 광고 분석 활동을 가장 설득적으로 정리하여 발표한 모둠은 어디인가요?			
	오늘 수업에서 가장 기억에 남는 것 한 가지를 적어봅시다.			
종합 평가	잘한 점		보완할 점	
수업 소감	오늘 수업에서 느낀 점은 무엇인가요?			

활동1) 미디어의 영향력과 미디어 리터러시란?

나를 움직이게 한 그! 광고!

1. 광고 이름(제품명)

2. 내가 끌린 부분

1. _____
2. _____
3. _____

미디어 리터러시(Media Literacy)란?
다양한 매체의 메시지에 접근하여 분석, 이해, 평가하고 의사소통할 수 있는 능력을 일컫는 말.

활동2 광고의 비밀 분석하기

광고, 새롭게 창조하기

1. 광고 제품

2. 광고 내용 요소(등장인물, 캐릭터, 배경, 풍경, 사용된 색상 등)

3. 제작자의 의도

4. 사람들에게 미치는 영향(신체적, 정신적, 사회적, 경제적 영향 등)

5. 내가 만드는 새로운 광고

PART 09 미디어와 폭력

미디어를 통해 나타나는 폭력에 대하여 비판적 시각으로 살펴본다.

1. 수업의 개관

우리 생활 속에서 미디어를 통한 정보의 습득과 활용은 매우 일상적인 일이며, 이를 잘 활용하는 능력인 미디어 리터러시의 함양은 청소년기의 학생들에게 필수적이다. 이 수업에서는 미디어 메시지를 비판적으로 살펴보고, 미디어를 통해 나타날 수 있는 언어적·신체적 폭력의 종류를 알아보며 타인이 느끼는 폭력의 정도가 나와 다를 수 있음을 깨달을 수 있는 시간을 갖는다. 또한 수업 활동을 통해 미디어를 이용해 이루어지는 폭력에 대해 민감하게 인식하여 이에 대한 올바른 대처방안을 수립할 수 있다.

2. 수업의 학습목표

① 미디어를 통해 나타날 수 있는 폭력에 대해 말할 수 있다.
② 미디어를 이용해 이루어지는 폭력에 적극적으로 대처할 수 있다.

3. 활동 내용 및 준비물

- 워크북: 활동 1 '장난과 폭력 구분하기'
- 워크북: 활동 2 '사이버 폭력 상황 분석하기'
- 워크북: 활동 3 '사이버 폭력 예방 표어 만들기'
- 전지(또는 2절지)
- 포스트잇
- 매직(사인펜)

4. 주요 라이프스킬 개념

- 비판적 사고
- 의사결정스킬

내가 보고 느끼는 것에 대해 정확히 인지하고 이를 바탕으로 자신이 결정한 것에 대해 논리적으로 의사를 표현할 수 있게 된다. 또한 주어진 상황이나 정보에 순응하는 것이 아닌 자신 만의 비판적 시각을 통하여 정보의 선별적 습득과 가치 판단 능력을 함양한다.

5. 교수-학습과정

수업명	9. 미디어와 폭력		활동시간	40 분
학습주제	미디어를 통해 나타나는 폭력에 대하여 비판적으로 살펴보기			
학습목표	① 미디어를 통해 나타날 수 있는 폭력에 대해 말할 수 있다. ② 미디어를 이용해 이루어지는 폭력에 적극적으로 대처할 수 있다.			
수업전략	주 활동:	활동 2. 사이버 폭력 상황 분석하기 [모둠활동]		
	선택 활동:	활동 1. 장난과 폭력 구분하기 [모둠활동] 활동 3. 사이버 폭력 예방 표어 만들기 [개별활동]		
	• 모둠 내 2~3 명씩 짝을 지어 내가 기분 나쁘게 느꼈던 친구의 장난이나 말을 적은 후 서로 어떤 차이가 있는지 알아본다. • 5~6 명의 모둠원들이 함께 사이버 폭력과 관련된 상황 예시를 읽은 후 피해자와 방조자의 입장에서 어떤 느낌과 어떤 행동을 취해야 하는지에 대해 의견을 나눈다.			
교수·학습 활동 및 자료	활동지	워크북: 활동 1 '장난과 폭력 구분하기' 워크북: 활동 2 '사이버 폭력 상황 분석하기' 워크북: 활동 3 '사이버 폭력 예방 표어 만들기'	라이프스킬 주 개념	비판적 사고 의사결정스킬
	준비물	전지(또는 2절지) 포스트잇 매직(사인펜)		

학습단계(시간)	주요 학습활동	교수·학습활동		자료 및 유의점
		교사	학생	
도입 (6분)	모둠 편성	**모둠 구성 활동** • 5~6명의 모둠을 만든 후, 모둠 대표를 선정한다.	**모둠 만들기** • 5~6명의 사람끼리 모둠을 만든다. • 모둠을 만들고 자리에 앉아 모둠 별 발표자를 정한다.	
	동기 유발	**함께 생각해 보기: 소셜 미디어를 이용한 사이버 폭력** • 소셜 미디어 매체를 이용한 폭력이 우리에게 어떤 영향을 줄 수 있는지에 대해 생각해 볼 수 있도록 학생들에게 질문한다. 인터넷과 정보통신의 발달로 우리는 많이 편리해진 삶을 살고 있습니다. 대표적으로 SNS나 유튜브를 통해 많은 사람과 가까워지고, 소통의 다양한 방법들이 생겨났습니다. 이러한 다양한 미디어 매체들을 통한 사람들 간의 관계 맺기는 그동안의 물리적인 폭력과는 다르게 눈에 보이지 않는 폭력으로 인한 상처도 많이 만들어 내고 있습니다. 그 예로 청소년들의 사이버 폭력 유형 중 가장 많이 발생하는 사이버 언어폭력을 들 수 있습니다. 이러한 폭력에 계속 노출되면 불안감, 우울함, 소통 단절 등의 문제가 생기게 됩니다. 미디어 시대를 살아가는 우리가 미디어를 통해 얼마나 많은 폭력에 무분별하게 노출되고 있는지, 혹은 이러한 미디어 매체를 이용하여 내가 누군가에게 폭력을 행사하고 있는 것은 아닌지 이번 수업을 통해 한 번 생각해 봅시다.	**함께 생각해 보기: 소셜 미디어를 이용한 사이버 폭력** • 일상생활 속에서 흔히 사용하는 소셜 미디어를 통한 폭력에는 어떤 것들이 있고 또 우리에게 어떤 영향을 주는지 생각해 본다.	강의참고자료 (PPT)
	학습 목표 확인	**학습목표 제시** • 미디어와 폭력에 관한 학습목표를 설명한다.	**학습목표 확인하기** • 설명을 잘 듣는다. • 미디어를 이용한 폭력에 대한 학습목표를 확인한다.	

학습 단계 (시간)	주요 학습 활동	교수·학습활동		자료 및 유의점
		교사	학생	
		지난 시간에는 우리가 미디어를 통해 정보를 받아들일 때 왜 비판적으로 보아야 하는지에 대해 학습하였습니다. 이번 시간에는 미디어를 통해 우리가 무분별적으로 노출될 수 있는 폭력성에 대해 생각해 보는 시간을 갖도록 하겠습니다. 미디어를 통해 노출되는 폭력 메시지 또는 미디어를 이용하여 이루어지는 폭력의 종류를 알아보고 우리 생활 속에서 이러한 미디어를 통해 이루어지는 폭력에 어떻게 대처해야 하는지에 대해 학습하겠습니다. ① 미디어를 통해 나타날 수 있는 폭력에 대해 말할 수 있다. ② 미디어를 이용해 이루어지는 폭력에 적극적으로 대처할 수 있다.		
전개 (30분)	학습 활동 안내 모둠 토의	**학습활동 안내** **활동 1. 장난과 폭력 구분하기** **활동 2. 사이버 폭력 상황 분석하기** **활동 3. 사이버 폭력 예방 표어 만들기** **활동 1. 장난과 폭력 구분하기** • 일상 속의 폭력과 관련된 동영상을 보여주고, 미디어가 전하는 폭력적 메시지가 일상생활에 얼마나 깊숙이 영향을 주고 있는지 질문한다. • 일상생활에서 친구 간의 말이나 행동 중 나를 기분 나쁘게 하는 것들을 각자 포스트잇 한 장에 한 가지씩 5~6개 적도록 한다. 우리가 재미를 위해 보는 예능 프로그램 출연자들은 장난으로 옆 동료를 수시로 밀치고, 주먹으로 쥐어박고, 내기로 꿀밤을 주기도 합니다. 시청자들도 웃으며 넘기고, 시청률도 높습니다. 그런 상황이나 장면을 두고 '재미있으면 됐지', '그냥 장난이니까'라고 생각한다면 우리는 미디어가 우리에게 주는	**학습활동 인지** **활동 1. 장난과 폭력 구분하기** • 설명을 잘 듣고, 미디어를 통해 우리가 얼마나 자주, 그리고 쉽게 폭력성에 노출되고 영향을 받게 되는지에 대해 생각해 본다.	강의참고자료 (PPT) 전지(2절지) 포스트잇 매직(사인펜) ※활동 1은 수업 시간을 고려하여 교사 재량에 따라 선택하여 할 수 있다.

학습 단계 (시간)	주요 학습 활동	교수·학습활동		자료 및 유의점
		교사	학생	
		폭력 메시지에 무뎌지게 됩니다. 우리 일상생활 속에서 친구들끼리 가볍게 하는 장난이나 말이 때로는 상대방에게 상처를 주기도 합니다. 나를 기분 나쁘게 하는 친구의 장난이나 말이 어떤 것들이 있는지 생각해 보고 포스트잇에 적어봅시다. (예시) 1. 걸어가면서 뒤통수치기 2. 팔짱끼기 3. 외모 지적 4. 욕 섞어가며 말하기	• 포스트잇에 나를 기분 나쁘게 하는 친구의 장난이나 말 5개를 적는다.	
		• 각자의 의견을 나누는 방법에 대해 설명한다. 용지 활용방법을 설명합니다. 우선 용지를 삼등분해서 각각의 윗부분에 상-중-하로 적습니다. '상'은 모둠원 전체가 기분 나쁘거나 폭력적이라고 느끼는 행동, '중'은 일부는 기분 나쁠 수 있지만 참을 수 있는 행동, '하'는 모두가 장난으로 여길 수 있는 가벼운 행동입니다. 각 모둠원이 쓴 포스트잇 내용을 보면서 그 행동이 어느 부분에 속하는지 의견을 나누어 해당하는 곳에 붙이도록 합니다.	• 모둠별로 전지에 표를 그린다. • 각자 적은 포스트잇 내용에 대해 논의하고 상-중-하 칸 중에 해당하는 곳에 붙인다.	
	전체 발표	• 모둠 토의가 다 끝나면, 상-중-하에 해당하는 행동이 어떤 것이 있는지 간단히 발표하도록 한다. 각 모둠별로 정리된 내용을 바탕으로 상-중-하에 해당하는 행동이 어떤 것이 있는지 간단히 소개하고, 모둠 내에서 상-중-하를 정하는데 어려움이 있었던 행동은 무엇이었는지 다른 모둠과 나누도록 합니다. 다른 모둠의 발표 내용을 들으면서 우리 모둠에서 논의한 내용과 다른 것이 있다면 적어봅시다.	• 모둠별 대표는 정리된 내용을 학급 전체에 발표한다.	
	토의 및 제작	**활동 2. 사이버 폭력 상황 분석하기** • 모둠별로 전지와 매직(사인펜)을 나누어준다. • 워크북: 활동 2 '사이버 폭력 상황 분석하기'에 제시되어 있는 상황들 중 각 모둠별로 하나씩 토의할 상황을 지정하여 준다.	**활동 2. 사이버 폭력 상황 분석하기** • 모둠별로 전지와 매직을 받는다.	강의참고자료 (PPT) - 상황 제시 워크북 전지(2절지)

학습 단계 (시간)	주요 학습 활동	교수·학습활동		자료 및 유의점
		교사	학생	
		• 주어진 상황을 잘 읽고 모둠별로 '간단한 상황 요약, 피해자 입장의 행동과 느낌, 방관자 입장의 행동과 느낌, 이 상황에 대한 해결책'을 논의하여 전지에 작성하도록 한다. 지금부터 모둠별로 주어진 상황에 대한 설명을 잘 읽고 어떠한 상황인지 간단히 요약한 내용을 적습니다. 그리고 피해자의 입장에서 느낌, 주변 친구들(방관자) 입장의 행동과 느낌이 어떠했을지 생각해 보고 적습니다. 마지막으로 이 상황을 해결하기 위해 어떤 해결책이 필요한지 모둠원끼리 토의한 내용을 전지에 적습니다.	• 워크북: 활동 2에 제시된 상황을 잘 읽어본 후 모둠원들과 피해자와 주변 친구들(방관자)의 입장에서 각각 생각해 본 후 해결책을 찾아 전지에 작성한다.	매직/사인펜
	전체 발표	• 학생들의 논의가 끝나면 작성한 전지를 칠판에 게시하고, 모둠별 대표가 모둠의 토의 내용을 발표하도록 한다. • 학생들의 발표 중 좋은 해결책이 제시되었을 때에는 이를 다시 한 번 강조하여 학생들의 주의를 환기시킨다.	• 모둠 대표가 나와 토의 내용을 소개한다.	
	개별 활동	**활동 3. 사이버 폭력 예방 표어 만들기** • 사이버 폭력의 악영향에 대해 다시 한 번 강조하고, 직접적인 가해자로서의 행위뿐 아니라 알면서도 가만히 있거나 방관하는 동조자의 역할도 사이버 폭력에 일조한다는 것을 강조한다. 앞서 동영상에서 본 것처럼 우리가 소셜 미디어나 인터넷 매체 등을 통해 하는 사소한 말이나 행위 하나도 피해자의 입장에서는 상처가 될 수 있습니다. 또 내가 직접 그런 말이나 행동을 하는 것이 아니더라도 그 말을 옮기거나 보고만 있는 것으로도 이러한 사이버 폭력에 동조하는 것이 될 수 있습니다. 이러한 사이버 폭력이 일어나는 것을 보았다면 적극적으로 이 상황을 해결하고 더 큰 피해가 나타나지 않도록 노력해야 합니다.	**활동 3. 사이버 폭력 예방 표어 만들기** • 선생님의 설명을 잘 듣는다.	※활동 3은 수업 시간을 고려하여 교사 재량에 따라 선택하여 수업할 수 있다.

학습 단계 (시간)	주요 학습 활동	교수·학습활동 교사	교수·학습활동 학생	자료 및 유의점
		• 사이버 폭력 예방을 위한 표어를 만들어 활동지에 작성하도록 하고, 이를 통해 사이버 폭력 행위에 가담하지 않겠다는 의지를 확인할 수 있도록 한다. 우리 주변에서 사이버 폭력이 발생하여 상처 입는 친구가 없도록 사이버 폭력 예방 표어를 작성하여 봅시다. 예방 표어를 생각해 보면서 나도 사이버 폭력에 참여하거나 방관하지 않겠다는 다짐도 함께 하는 시간이 되었으면 좋겠습니다. • 학생들의 표어 작성이 끝나면, 일부 학생들에게 작성한 내용을 발표하도록 한다.	• 워크북: 활동 3에 사이버 폭력 예방 표어를 만들어 적고, 이를 통해 사이버 폭력에 가담하거나 동조하지 않겠다는 다짐을 하는 기회로 삼는다. • 반 전체에게 내가 만든 표어를 발표한다.	워크북 매직(사인펜)
정리 (4분)	학습 정리 및 차시 예고	**학습 내용 정리 및 평가** • 미디어에서 전달하는 메시지를 수동적으로 받아들이는 것이 아닌 능동적이고 비판적으로 보는 능력을 길러야 함을 강조한다. 미디어에서는 우리의 주의를 끌기 위해 수많은 자극적인 정보를 내보냅니다. 이 중에는 우리가 인식하지 못하는 수많은 폭력적인 메시지도 포함되어 있습니다. 이러한 정보를 수동적으로 받아들이는 것이 아니라 옳고 그름을 내 기준에 의해 판단하며 보는 습관을 길러야 함을 항상 기억합시다. 또한 사이버 폭력을 포함한 미디어를 통해 이루어지는 폭력 행위에 적극적으로 가담하는 것뿐 아니라, 방조하는 것도 사이버 폭력에 참여하는 것과 같다는 것을 기억하고 이러한 문제를 해결하는데 관심을 기울이고 노력해야겠습니다. • 워크북: 정리 '스스로 평가해 보기'를 작성하면서 학습 내용을 정리하는 시간을 갖도록 한다. • 다음 시간에는 '디지털 중독 예방'과 관련된 내용에 대해 학습할 것임을 예고한다.	**학습 내용 정리 및 평가** • 선생님의 설명을 잘 듣는다. • 워크북의 활동지 정리 '스스로 평가해 보기'를 작성하면서 오늘 수업 내용을 되돌아보고 학습한 내용을 정리한다.	워크북

6. 가정 및 지역사회와 연계한 활동

- 교사는 학급통신을 통하여 수업 내용과 개요, 학생들의 반응을 가정에 전달하고 수업 내용을 토대로 학생들이 가정에서도 올바르게 미디어(TV 인터넷, 게임 등)를 활용하는 습관을 기를 수 있도록 가정에서의 협조를 구한다.

7. 평가계획

평가	질문내용	응답		
자기 평가	미디어에 나타난 사이버 폭력이 무엇인지 설명할 수 있나요?	우수	보통	노력
	사이버 폭력을 주도하는 사람과 방관하는 사람이 모두 가담자인 이유를 설명할 수 있나요?	우수	보통	노력
	앞으로 사이버 폭력 예방에 적극적으로 참여할 것을 다짐했나요?	우수	보통	노력
상호 평가	우리 모둠원들은 모둠 토의 활동에 활발히 참여했나요?	우수	보통	노력
	오늘 수업에서 가장 기억에 남는 것 한 가지를 적어봅시다.			
종합 평가	잘한 점	보완할 점		
수업 소감	오늘 수업에서 느낀 점은 무엇인가요?			

활동1 장난과 폭력 구분하기

나를 아프게 하는 너의 말·행동

📢 모두가 기분 나쁘게 느끼는 말·행동

📢 일부는 기분 나쁠 수도 있지만 참을 수 있는 말·행동

📢 모두가 장난으로 받아들일 수 있는 가벼운 말·행동

활동2 사이버 폭력 상황 분석하기

상황 :

1. 행위자는 누구이고 피해자는 누구인가요?

_____

2. 행위자가 한 행동을 간단히 쓰고, 행위자가 이 때 무엇을 느꼈을지 써보세요.

_____

3. 피해자가 느꼈을 감정이 무엇인지 써보세요.

_____

4. 이 상황에 직접 참여하지 않았던 주변 친구들(방관자)의 생각이나 느낌을 써보세요.

_____

5. 이 상황을 해결 할 수 있는 방법은 무엇일까요?

_____

활동2) 사이버 폭력 상황 (상황 제시)

상황1

A는 아버지의 전근으로 기존 학교에서 차로 3시간이나 떨어진 새 학교로 전학을 가게되었다. 활달하고 말을 재미있게 잘 해서 곧 새로운 학교 친구들 사이에서 인기가 있게 되었다. 특히 반에서 공부 잘하고 인기 있는 학생들이 A에게 관심을 갖기 시작하자 기존 리더 격이었던 B가 A를 질투하기 시작하였다. B는 자신의 친구들에게 A의 흉을 보거나 카톡으로 A의 행동에 대해 트집을 잡고 같이 어울려서 놀지 말자고 친구들을 부추겼다. B가 주도하기 시작한 단체 카톡방에는 A를 제외한 대부분의 반 학생들이 초대되었고, A는 반에서 소외되기 시작하였다.

상황2

C는 팀으로 하는 온라인 게임에 푹 빠져있었다. 마음이 맞는 온라인 친구들이 생겨 항상 같은 팀을 이뤄 게임을 하였다. 그런데 이 친구들 중 D는 게임에 지거나 잘 되지 않으면 꼭 팀 중의 누군가를 심하게 욕하거나 메시지 등을 보내 괴롭혔다. C는 그러한 행동에는 처음에는 참여하지 않았지만, D가 C에게도 이러한 행동에 같이 욕을 하거나 참여하라고 강요하기 시작하고, 그렇지 않으면 C에게도 똑같이 욕하기 시작하였다.

상황3

J군과 친구들은 방과 후 J군 네 집에 모여 TV를 보면서 시간을 보내고 있었다. TV 시청이 심심했던 J는 핸드폰을 보다가 카톡 연락처에서 반에서 말이 별로 없는 K양에게 카톡을 보내 장난을 치기 시작했다. J군은 평소에 친하지 않던 K양에게 친구가 되고 싶었다고 하며 말을 걸었고, 평소 인기 있는 J군과 친구가 되고 싶었던 K양은 의심 없이 J군과 대화를 나누었다. 몇 번의 대화가 오고 난 후 J군은 K양에게 신체의 일부를 사진으로 찍어 보내달라고 하였고, K양은 바로 사진을 찍어 보냈다. J군은 그 사진을 같이 있던 친구들에게 보여주며, K양을 놀리며 흉을 보았고, 그 사진을 자신의 SNS에도 공개하였다.

활동3 사이버 폭력 예방 표어 만들기

우리가 소셜미디어나 인터넷 매체 등을 통해 하는 사소한 말이나 행위 하나도 피해자의 입장에서는 상처가 될 수 있습니다. 또 내가 직접 그런 말이나 행동을 하는 것이 아니더라도 그 말을 옮기거나 보고만 있는 것으로도 이러한 사이버 폭력에 동조하는 것이 될 수 있습니다.

우리 주변에서 사이버 폭력이 발생하여 상처 입는 친구가 없도록 사이버 폭력 예방 표어를 작성하여 봅시다.

"우리 더 이상 가만히만 있지 말아요."
Don't just stand on the sidelines!

PART 10 디지털 중독 예방

디지털 중독이 무엇인지 알고 올바르게 대처하는 방법을 학습한다.

1. 수업의 개관

중독이란, 특정 물질이나 행동에 의해 쾌락중추가 과도하게 자극되어 의존하게 되는 질환이다. 단순한 습관과는 달리, 점차 그 행동의 양과 횟수가 많아지는 집착과 하지 않으면 신체적, 심리적 불편함이 발생하는 금단 등이 나타나는 의존 상태를 의미한다. 자기 조절 능력이 부족한 청소년들은 습관이 중독으로 이어질 가능성이 높고, 건강한 생활 습관 및 취미를 기르기 이전에 쉽게 접할 수 있는 온라인 게임이나 스마트폰 사용을 취미로 삼는 경우가 성인보다 더 많다. 이 수업에서는 스마트폰 사용이나 온라인 게임이 취미를 넘어선 중독이 되지 않도록 디지털 중독의 증상에 대해 학습하고, 디지털 중독을 예방하고 대처하는 방법을 제안할 수 있다.

2. 수업의 학습목표

① 디지털 중독과 그 증상이 무엇인지 말할 수 있다.
② 디지털 중독을 예방하고 대처할 수 있다.

3. 활동 내용 및 준비물

- 워크북: 활동 1 '게임·스마트폰 중독 자가진단 검사'
- 워크북: 활동 2 '스마트폰 사용 시간 점검'
- 워크북: 활동 3 '집착에 대한 마음 버리기'
- 색종이 또는 작은 사이즈 색지
- 중간 사이즈 서류 봉투 또는 카드 봉투
- 풀 / 매직(사인펜)

4. 주요 라이프스킬 개념

- 자아존중감
- 의사결정스킬
- 목표설정스킬

게임·스마트폰 중독 자가진단을 통해 자기 자신에 대한 객관적인 인식을 할 수 있는 기회를 갖고, 자신의 미래를 위하여 건강하고 실천 가능한 구체적인 생활 습관 계획을 세운다. 이러한 활동을 통해 일상의 습관적인 행동이 중독 행위가 되는 것을 방지하고 미래지향적인 의사결정을 하는 능력을 키울 수 있다.

5. 교수-학습과정

수업명	10. 디지털 중독 예방		활동시간	40분
학습주제	디지털 중독에 대해 알고 올바르게 대처하기			
학습목표	① 디지털 중독과 그 증상이 무엇인지 말할 수 있다. ② 디지털 중독을 예방하고 대처할 수 있다.			
수업전략	주 활동:	활동 1. 게임·스마트폰 중독 자가진단 검사 [개별 활동] 활동 2. 스마트폰 사용 시간 점검 [개별 활동]		
	선택 활동:	활동 3. 집착에 대한 마음 버리기 [모둠 활동]		
	• 게임·스마트폰 중독 자가진단을 통해 자신이 게임이나 스마트폰에 얼마나 의존하고 있는지 스스로 인지할 수 있도록 한다. • 특정 행위에 대한 집착은 중독의 기초 증상이 될 수 있음을 인지하고, 현재 집착하고 있는 것들을 파악하여 이에 대한 마음 비우기 연습을 통해 자기통제력을 회복한다. • 건강한 생활 습관을 기르기 위하여 자신이 지킬 수 있는 실천 계획표를 세워 꾸준히 실천하도록 한다.			
교수·학습 활동 및 자료	활동지	워크북: 활동 1 '게임·스마트폰 중독 자가진단 검사' 워크북: 활동 2 '집착에 대한 마음 버리기' 워크북: 활동 3 '스마트폰 사용 시간 점검'	라이프스킬 주 개념	자아존중감 의사결정스킬 목표설정스킬
	준비물	색종이 또는 작은 사이즈 색지 중간 사이즈 서류 봉투 또는 카드 봉투 풀 / 매직(사인펜)		

학습 단계 (시간)	주요 학습 활동	교수·학습활동		자료 및 유의점
		교사	학생	
도입 (6분)	모둠 편성	**모둠 구성 활동** • 학생들을 5~6명씩 모둠을 구성하도록 한다.	**모둠 만들기** • 5~6명씩 모여 모둠을 만든다.	※ 수업 시작 전 5~6명씩 모둠을 구성한다.
	동기 유발	**함께 생각해 보기: 스마트폰 이용과 중독** • 강의자료(PPT)를 활용하여 스마트폰 이용과 중독 증상이 무엇인지에 대해 설명한다. • 스마트폰 중독과 관련한 동영상을 시청하고 중독에 대해 생각해 보도록 한다. 중독은 단순히 무엇을 하고 싶어 그 행동을 반복하게 되는 습관을 넘어서 그 행동에 집착하게 되고 하지 않으면 신체적 심리적 불편함이 발생하는 금단 증상이 나타나는 것을 말합니다. '디지털 중독'은 일상생활 수행이 곤란할 정도로 컴퓨터, 인터넷, 스마트폰, SNS 등을 과도하게 사용하는 현상을 의미합니다. 여러분은 어떤 것에 이러한 집착을 가지고 있나요?	**함께 생각해 보기: 스마트폰 이용과 중독** • 선생님의 강의 내용과 동영상을 잘 보고 중독이 무엇인지에 대해 생각한다.	강의참고자료 (PPT) 동영상 자료 (4분 20초)
	학습 목표 확인	**학습목표 제시** • 디지털 중독 예방에 관한 학습목표를 설명한다. 우리가 어떤 행위에 중독이 되면 이를 예전으로 되돌리기가 무척 어렵습니다. 이번 시간에는 중독과 중독 증상에 대해 알고, 자신의 집착이 고치기 어려운 중독 증상이 되지 않도록 예방하는 방법을 학습하겠습니다. ① 디지털 중독과 그 증상이 무엇인지 말할 수 있다. ② 디지털 중독을 예방하고 대처할 수 있다.	**학습목표 확인하기** • 설명을 잘 듣는다. • 디지털 중독 예방에 대한 학습목표를 확인한다.	
	학습 활동 안내	**학습활동 안내** 활동 1. 게임·스마트폰 중독 자가진단 검사 활동 2. 스마트폰 사용 시간 점검 활동 3. 집착에 대한 마음 버리기	**학습활동 인지**	

학습 단계 (시간)	주요 학습 활동	교수·학습활동		자료 및 유의점
		교사	학생	
전개 (30분)	개별 활동	**활동 1. 게임·스마트폰 중독 자가진단 검사** • 워크북의 '게임 중독 자가진단 검사' 또는 '스마트폰 중독 자가진단 검사'의 검사표 중 자신의 일상사용 빈도가 더 많은 것을 선택하여 작성하게 한다. • 작성한 내용을 점수표에 따라 계산한 후 자신의 중독 수준이 무엇인지 확인하도록 한다. 요즘 많은 학생들이 인터넷과 스마트폰으로 게임을 하거나 동영상을 보고 또는 SNS 활동을 하면서 즐거움을 느끼고 스트레스를 풀고 있습니다. 혹시 내가 게임이나 스마트폰을 단순히 즐기는 것이 아니라 이것에 중독된 것은 아닌지 검사지를 통해 확인해봅시다. • 검사결과, 고위험 사용자와 잠재적 위험 사용자로 나타난 학생들을 체크하여 추후 상담이나 심화지도를 하는데 참고 자료로 활용한다.	**활동 1. 게임·스마트폰 중독 자가진단 검사** • 워크북의 '게임 중독 자가진단 검사' 또는 '스마트폰 중독 자가진단 검사' 설문지를 선택하여 작성한 후, 점수를 계산하여 자신의 중독 수준을 확인한다.	워크북 ※ 게임 중독 검사지와 스마트폰 중독 검사지 중 자신의 평소 사용 빈도가 더 높은 것 **하나를 선택**하여 작성하도록 안내한다.
	개별 활동	**활동 2. 스마트폰 사용 시간 점검** • 워크북: 활동 2 '스마트폰 사용 시간 점검'에 내가 현재 스마트폰을 사용하는 시간을 작성하도록 한다. • 이를 바탕으로 앞으로 스마트폰 사용 시간을 줄여 나갈 수 있도록 계획표를 작성한다. 이 때 스스로 잘 지킬 수 있도록 현실적인 시간으로 작성하여야 함을 강조한다. 지금부터 워크북을 펴고 내가 어제 혹은 지난 주말에 스마트폰을 사용한 시간을 아침부터 자기 전까지 기억을 되돌아보면서 적어봅시다. 그리고 이 날 사용한 총 시간을 계산하여 적습니다. 총 시간을 보니 어떤 느낌인가요? 내 생각보다 많은 시간을 사용했나요? 이제 이 시간을 줄이기 위한 시간계획표를 만들어 보겠습니다. 이 때 중요한 것은 실제 내가 지킬 수 있는 시간표를 만드는 것입니다. 사용 시간을 현재보다 줄이되 현실적으로 내가 실제 지킬 수 있을 정도로 잘 배분하여 적도록 합니다.	**활동 2. 스마트폰 사용 시간 점검** • 워크북 활동 2에 내가 스마트폰을 사용한 시간을 작성한다. • 시간계획표 안에 현재 사용 시간보다 줄이되 내가 지킬 수 있을 정도로 시간을 배정한다.	워크북

학습 단계 (시간)	주요 학습 활동	교수·학습활동		자료 및 유의점
		교사	학생	
	발표	• 수업 시간을 고려하여 몇몇의 학생들이 작성한 시간표를 반 전체와 공유할 수 있도록 발표시킨다.	• 내가 작성한 시간표 내용을 간단히 반 전체에게 발표한다.	
	토의 및 제작	**활동 3. 집착에 대한 마음 버리기** • 학생들에게 각자 색종이와 봉투를 나누어 준다. • 어떤 행위에 대한 집착은 중독 증상이 될 수 있음을 안내하고, 현재 내가 가장 관심 있어 하는 것들 중 집착하고 있는 것들을 색종이에 적도록 한다. • 모둠 내에서 다른 친구들과 각자 집착하고 있는 것들이 무엇인지 나누고 앞으로 이러한 집착을 버리는데 서로가 도움을 줄 수 있도록 한다. • 각자 받은 봉투에 색종이를 넣고 풀로 잘 붙인 다음 잘 보관한다. • 봉투 안에 집착하는 것을 봉인하는 것이 내 마음 속에 있는 집착 행위에 대해서 버리는 것을 의미한다는 것을 강조하여 앞으로 학생들이 자신이 버리기로 한 집착 행위를 줄여나가도록 지도한다. 어떤 행위에 집착하는 것은 그 행위에 중독될 가능성이 높다는 것을 의미합니다. 예를 들어 게임이나 특정 TV 프로그램이나 유튜브 콘텐츠 시청, 아이돌에 대한 집착 등이 있을 수 있습니다. 집착에 대한 마음 버리기를 통하여 중독을 미리 예방할 수 있습니다.	**활동 3. 집착에 대한 마음 버리기** • 각자 색종이와 봉투를 받는다. • 색종이에 내가 요즘 집착하고 있는 것이 무엇인지 적는다. • 앞으로 집착을 줄여 나가는데 도움을 받을 수 있도록 내가 집착하는 것이 무엇인지 친구들과 이야기를 나눈다. • 적은 색종이를 봉투에 넣고 풀로 붙인다. • 봉인된 봉투를 잘 보관하면서 앞으로 이 집착 행동을 줄여나갈 것을 다짐한다.	강의참고자료 (PPT) 워크북 색종이 (또는 작은 사이즈 색지) 중간 사이즈 서류 봉투 (또는 카드 봉투) 풀 매직(사인펜) ※활동 3은 수업 시간을 고려하여 교사 재량에 따라 선택하여 할 수 있다.
정리 (4분)	학습 정리 및 차시 예고	**학습 내용 정리 및 평가** • 중독은 스스로 자기인식을 통해 미리 예방하는 것이 중요함을 안내하고, 좋은 생활 습관과 취미 활동 개발을 통해 중독을 예방하고 건강 행위를 지속할 수 있음을 상기시킨다. • 워크북: 정리 '스스로 평가해 보기'를 작성하면서 오늘 학습한 내용을 정리하도록 한다. • 다음 시간에는 '의사결정 잘하기'와 관련된 내용에 대해 학습할 것임을 예고한다.	**학습 내용 정리 및 평가** • 워크북 활동지 정리 '스스로 평가해 보기'를 작성하면서 오늘 수업 내용을 되돌아보고 학습한 내용을 정리한다.	워크북

6. 가정 및 지역사회와 연계한 활동

- 교사는 학생이 작성한 활동지 '나만을 위한 시간표 짜기'를 토대로 학생들이 작성한 시간표를 방과 후 시간에 가정에서 잘 지킬 수 있도록 가정의 협조를 구한다.
- 수업 중 작성한 게임·스마트폰 중독 자가진단 결과 중 '고위험 사용자 및 '잠재적 위험사용자'로 나타난 학생들에 대하여 전문적인 중독 검사와 상담이 진행될 수 있도록 전문기관이나 학교 상담자와 연계하여 지도한다.

7. 평가계획

평가	질문내용	응답		
자기 평가	디지털 중독과 중독 증상에 대해 설명할 수 있나요?	우수	보통	노력
	어떤 행위에 대한 집착이 중독 증상이 될 수 있다는 것을 알았나요?	우수	보통	노력
	앞으로 내가 만든 계획표에 따라 건강한 생활 규칙을 따를 것을 다 짐했나요?	우수	보통	노력
상호 평가	오늘 수업에서 가장 기억에 남는 것 한 가지를 적어봅시다.			
종합 평가	잘한 점 / 보완할 점			
수업 소감	오늘 수업에서 느낀 점은 무엇인가요?			

활동1 게임·스마트폰 중독 자가진단 검사

다음의 검사표는 평소 여러분의 게임과 관련된 생활에 관한 질문들로 이루어져 있습니다. 자신의 생각과 가장 비슷한 곳에 ○ 표시를 하세요.

게임 중독 자가진단 검사

번호	문항	전혀 그렇지 않다	때때로 그렇다	자주 그렇다	항상 그렇다
1	게임을 하는 것이 친한 친구들과 어울리는 것보다 더 좋다.	1	2	3	4
2	게임공간에서의 생활이 실제생활보다 더 좋다.	1	2	3	4
3	게임 속의 내가 실제의 나보다 더 좋다.	1	2	3	4
4	게임에서 사귄 친구들이 실제친구들 보다 나를 더 알아준다.	1	2	3	4
5	게임에서 사람을 사귀는 것이 더 편하고 자신 있다.	1	2	3	4
6	밤늦게까지 게임하느라 시간 가는 줄 모른다.	1	2	3	4
7	게임을 하느라 시간 가는 줄 모른다.	1	2	3	4
8	갈수록 게임을 하는 시간이 길어진다.	1	2	3	4
9	점점 더 오랜 시간 게임을 해야 만족하게 된다.	1	2	3	4
10	게임을 그만두어야하는 경우에도 게임을 그만두는 것이 어렵다.	1	2	3	4
11	게임하는 시간을 줄이려고 노력하지만 실패한다.	1	2	3	4
12	게임을 안 하겠다고 마음먹고도 다시 게임을 하게 된다.	1	2	3	4
13	게임 생각 때문에 공부에 집중하기 어렵다.	1	2	3	4
14	게임을 못한다는 것은 견디기 힘든 일이다.	1	2	3	4
15	게임을 하지 않을 때에도 게임을 생각하게 된다.	1	2	3	4
16	게임으로 인해 생활에 문제가 생기더라도 게임을 해야 한다.	1	2	3	4
17	게임을 하지 못하면 불안하고 초조하다.	1	2	3	4
18	다른 일 때문에 게임을 못하게 될까봐 걱정된다.	1	2	3	4
19	누가 게임을 못하게 하면 신경질이 난다.	1	2	3	4
20	게임을 못하게 되면 화가 난다.	1	2	3	4
	합 계	총점 :		점 / 80점	

 **활동1** 게임·스마트폰 중독 자가진단 검사

게임 중독 자가진단 검사 척도 해석

유형	분류기준	특성	비고
고위험 사용자	게임 중독 점수 49점 이상	현실세계보다는 가상의 게임세계에 몰입하여 게임공간과 현실생활을 혼돈하거나 게임으로 인하여 현실세계의 대인관계나 일상생활에 부적응 문제를 보이며, 부정적 정서를 나타낸다. 하루 2시간 30분 이상 매일 게임을 하는 경우가 많으며, 게임을 하느라 친구와 어울리지 못하는 등 게임 행동을 적절하게 조절 할 수 없는 상태이다. 일반적으로 자기 통제력이 낮아 일시적인 충동이나 즉각적인 만족을 추구하며 인내력과 효율적인 문제 해결 능력이 부족한 경향을 보인다. 또한 공격적 성향이 높으며 자신에 대해 부정적으로 생각하는 경향이 강하다.	전문적 치료 지원 및 상담 요망
잠재적 위험 사용자	게임 중독 점수 38~48점 이상	고위험 사용자에 비해 낮은 수준이나 가상세계에 대해 더 많은 관심을 보이며 게임에 몰입하여 게임과 현실생활을 혼돈하거나 게임으로 인하여 현실세계의 대인관계, 일상생활에 문제를 나타내기도 한다. 하루 2시간 이상, 주 5~6회 정도 게임을 한다. 공격적 성향을 보이며 자기 통제력이 낮고 충동적이며 자기 위주로 생각하고 말보다는 행동이 앞서는 경향이 있다. 자신에 대해 부정적으로 생각하는 경향을 보인다.	게임 중독 행동 주의 및 예방 프로그램 요망
일반 사용자	게임 중독 점수 37점 이상	게임 습관을 스스로 조절할 수 있으며, 게임과 현실세계에 대한 구분이 명확하고 게임으로 인한 정서적인 변화를 경험하지 않는다. 하루 1시간 30분 이하, 주 1~2회 이하 게임을 하는 등 인터넷 게임 사용을 적절하게 조절할 수 있다. 자신의 욕구를 적절하게 조절할 수 있으며 효율적으로 문제를 해결하는 경향을 보인다. 일시적인 충동에 의하거나 즉각적인 만족을 주는 문제 행동을 회피하고 인내할 수 있는 능력이 높다. 자신에 대해 긍정적으로 생각하는 경향이 강하다.	지속적 자기 점검 요망

활동1 게임 · 스마트폰 중독 자가진단 검사

다음의 검사표는 평소 여러분의 게임과 관련된 생활에 관한 질문들로 이루어져 있습니다. 자신의 생각과 가장 비슷한 곳에 ○ 표시를 하세요.

스마트폰 중독 자가진단 검사

번호	문항	전혀 그렇지 않다	때때로 그렇다	자주 그렇다	항상 그렇다
1	스마트폰의 지나친 사용으로 학교성적이 떨어졌다.	1	2	3	4
2	가족이나 친구들과 함께 있는 것보다 스마트폰을 사용하고 있는 것이 더 즐겁다.	1	2	3	4
3	스마트폰을 사용할 수 없게 된다면 견디기 힘들 것이다.	1	2	3	4
4	게임에서 사귄 친구들이 실제친구들 보다 나를 더 알아준다.	1	2	3	4
5	스마트폰 사용으로 계획한 일(공부, 숙제 또는 학원수강 등)을 하기 어렵다.	1	2	3	4
6	스마트폰을 사용하지 못하면 온 세상을 잃은 것 같은 생각이 든다.	1	2	3	4
7	스마트폰이 없으면 안절부절 못하고 초조해진다.	1	2	3	4
8	스마트폰 사용시간을 스스로 조절할 수 있다.	1	2	3	4
9	수시로 스마트폰을 사용하다가 지적을 받은 적이 있다.	1	2	3	4
10	스마트폰이 없어도 불안하지 않다.	1	2	3	4
11	스마트폰을 사용할 때 그만해야지 라고 생각은 하면서도 계속한다.	1	2	3	4
12	스마트폰을 너무 자주 또는 오래한다고 가족이나 친구들로부터 불평을 들은 적이 있다.	1	2	3	4
13	스마트폰 사용이 지금 하고 있는 공부에 방해가 되지 않는다.	1	2	3	4
14	스마트폰을 사용할 수 없을 때 패닉상태에 빠진다.	1	2	3	4
15	스마트폰 사용에 많은 시간을 보내는 것이 습관화되었다.	1	2	3	4
합 계		총점:		점 / 60점	

 **활동1** 게임·스마트폰 중독 자가진단 검사

스마트폰 중독 자가진단 검사 척도 해석

유형	분류기준	특성	비고
고위험 사용자	스마트폰 중독 점수 45점 이상	스마트폰 사용으로 인하여 일상생활에서 심각한 장애를 보이면서 내성 및 금단현상이 나타난다. 스마트폰으로 이루어지는 대인관계가 대부분이며, 비도덕적인 행위와 막연한 긍정적 기대가 있고 특정 앱이나 기능에 집착하는 특성을 보이기도 한다. 현실 생활에서도 습관적으로 사용하게 되며 스마트폰 없이는 한 순간도 견디기 힘들다고 느낀다. 따라서, 스마트폰 사용으로 인하여 학업이나 대인관계를 제대로 수행할 수 없으며 자신이 스마트폰 중독이라고 느낀다. 또한 심리적으로 불안정감 및 대인관계 곤란감, 우울한 기분 등이 흔하며, 성격적으로 자기조절에 심각한 어려움을 보이며 무계획적인 충동성도 높은 편이다. 현실 세계에서 사회적 관계에 문제가 있으며, 외로움을 느끼는 경우도 많다.	전문적 치료 지원 및 상담 요망
잠재적 위험 사용자	스마트폰 중독 점수 32~44점	고위험 사용자군에 비해 경미한 수준이지만 일상생활에서 장애를 보이며, 필요 이상으로 스마트폰 사용 시간이 늘어나고 집착을 하게 된다. 학업에 어려움이 나타날 수 있으며, 심리적 불안정감을 보이지만 절반 정도는 자신이 아무 문제가 없다고 느낀다. 다분히 계획적이지 못하고 자기조절에 어려움을 보이며 자신감도 낮게 된다.	스마트폰 중독 행동 주의 및 예방 프로그램 요망
일반 사용자	스마트폰 중독 점수 31점 이하	대부분이 스마트폰 중독 문제가 없다고 느낀다. 심리적 정서 문제나 성격적 특성에서도 특이한 문제를 보이지 않으며, 자기 행동을 관리한다고 생각한다. 주변 사람들과의 대인관계에서도 자신이 충분한 지원을 얻을 수 있다고 느끼며, 심각한 외로움이나 곤란감을 느끼지 않는다.	지속적 자기 점검 요망

◆ 활동2 스마트폰 사용 시간 점검

어제(혹은 지난 주말) 스마트폰을 몇분이나 사용했나요? 아침에 일어나서부터 자기 전까지 되돌아 보면서 게임을 하거나 검색을 하거나 친구랑 카톡을 하거나 한 스마트폰 사용 시간을 모두 적어봅시다.

스마트폰 얼마나 사용하고 있나요?

오 전

기상 :   시   분

스마트폰 사용 (분)
    시   분 부터   시   분 까지

스마트폰 사용 (분)
    시   분 부터   시   분 까지

스마트폰 사용 (분)
    시   분 부터   시   분 까지

스마트폰 사용 (분)
    시   분 부터   시   분 까지

오 후

스마트폰 사용 (분)
    시   분 부터   시   분 까지

스마트폰 사용 (분)
    시   분 부터   시   분 까지

스마트폰 사용 (분)
    시   분 부터   시   분 까지

스마트폰 사용 (분)
    시   분 부터   시   분 까지

취침 :   시   분

하루 사용 총 (   )분

내일부터는 스마트폰 사용 시간을 조금씩 줄여나가 볼까요?
앞으로 스마트폰은 내가 스스로 세운 계획표대로
사용하도록 노력해 봐요.

앞으로는 하루에 총 (   )분만
        사용할 거에요.

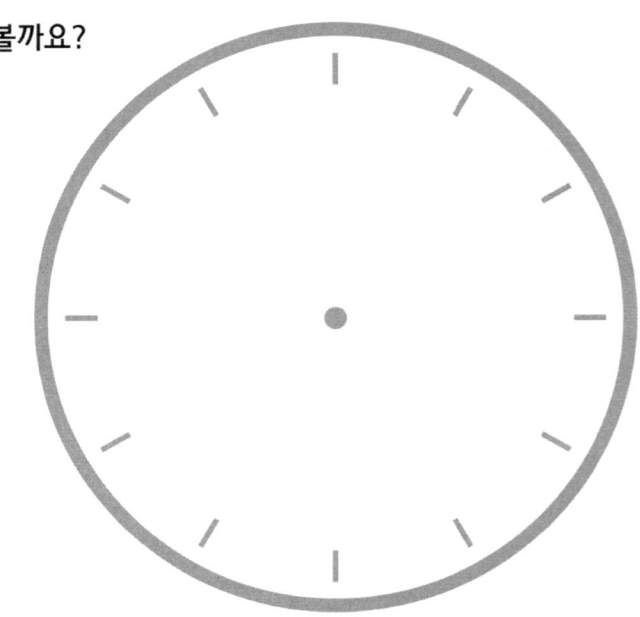

활동3) 집착에 대한 마음 버리기

어떤 행위에 집착하는 것은 그 행위에 중독될 가능성이 높다는 것을 의미합니다. 예를 들어 게임이나 특정 TV 프로그램이나 유튜브 콘텐츠 시청, 연예인에 대한 집착 등이 있을 수 있습니다.

내가 가지고 있는 집착이나 중독 증상이 무엇인지 써보고, 이러한 집착이 내 생활에 미치는 좋은 점과 나쁜 점이 무엇인지 생각해 써 봅시다.

이러한 집착에 대한 마음 버리기를 통하여 중독을 미리 예방할 수 있습니다.

내가 가지고 있는 집착들을 봉투에 넣어 봉인하기

4단원

대인관계 잘하기

★★★

11 의사결정 잘하기

12 의사소통 잘하기

13 유혹 거절하기

PART 11. 의사결정 잘하기

의사결정의 기본 단계를 알고 갈등 상황에서 적절한 의사결정을 내린다.

1. 수업의 개관

우리는 일상생활에서 매일 의사결정 상황에 직면한다. 때때로 결정을 내리는데 있어 깊은 고민 없이 결정을 내리는 경우가 있는데 그 결과가 좋을 경우도 있지만, 많은 경우 신중하지 못한 판단으로 인해 결과에 실망하게 된다. 나이가 듦에 따라 우리는 더욱 복잡하고 다양한 갈등 상황에 직면하게 되고, 이런 상황에서의 옳은 결정이 인생에 많은 영향을 미치게 된다. 이 수업에서는 의사결정의 기본 3단계를 학습하고, 수업 활동을 통해 신중하게 의사결정을 하는 연습을 해 봄으로써 앞으로 대면하게 될 여러 상황에서 옳은 결정을 내릴 수 있는 역량을 함양할 수 있다.

2. 수업의 학습목표

① 의사결정의 기본 단계를 설명할 수 있다.
② 의사결정스킬을 적용하여 갈등 상황에서 바람직한 결정을 할 수 있다.

3. 활동 내용 및 준비물

- 워크북: 활동 1 '의사결정 기본 단계(Stop - Think - Go) 알아보기'
- 워크북: 활동 2 '의사결정 기본 단계(Stop - Think - Go) 적용 연습'
- 워크북: 활동 3 '상황에 따라 의사결정 기본 단계(Stop - Think - Go) 적용하기'
- 상황 뽑기용 종이
- 전지(또는 2절지)
- 매직(사인펜)

4. 주요 라이프스킬 개념

- 의사결정스킬
- 자기주장스킬

• 대인관계스킬

의사결정 기본 단계를 적용하여 여러 가지 선택의 장점과 단점에 대해 생각해 본다. 여러 갈등상황에서 문제 상황 발생 시, 복수의 선택지 중 최선의 선택을 할 수 있는 능력을 키우기 위한 의사결정스킬과 자기주장스킬을 발달시킨다.

5. 교수-학습과정

수업명	11. 의사결정 잘하기		활동시간	40분
학습주제	의사결정 기본 단계를 알고 갈등 상황에서 적절한 의사결정 내리기			
학습목표	① 의사결정의 기본 단계를 설명할 수 있다. ② 의사결정스킬을 적용하여 갈등 상황에서 바람직한 결정을 할 수 있다.			
수업전략	주 활동:	활동 1. 의사결정 기본 단계(Stop - Think - Go) 알아보기 [개별활동] 활동 2. 의사결정 기본 단계(Stop - Think - Go) 적용 연습 [개별활동]		
	선택 활동:	활동 3. 상황에 따라 의사결정 기본 단계(Stop - Think - Go) 적용하기 [모둠활동]		
	• 5~6인으로 모둠을 편성하여 의사결정 단계에 대해 생각해 본다. • Stop - Think - Go 의 의사결정단계를 바탕으로 갈등상황에서 어떤 결정을 내리는 것이 좋은지 모둠에서 의견을 나눈다.			
교수·학습 활동 및 자료	활동지	워크북: 활동 1 '의사결정 기본 단계(Stop - Think - Go) 알아보기' 워크북: 활동 2 '의사결정 기본 단계(Stop - Think - Go) 적용 연습' 워크북: 활동 3 '상황에 따라 의사결정 기본 단계(Stop - Think - Go) 적용하기'	라이프스킬 주 개념	의사결정스킬 자기주장스킬 대인관계스킬
	준비물	상황 뽑기용 종이 전지(또는 2절지) 매직(사인펜)		

학습 단계 (시간)	주요 학습 활동	교수·학습활동 교사	교수·학습활동 학생	자료 및 유의점
도입 (5분)	모둠 편성	**모둠 구성 활동** • 5~6인의 모둠을 구성하고, 모둠별 발표자를 선정하도록 한다.	**모둠 만들기** • 모둠별로 앉아 발표자를 선정한다.	강의참고자료 (PPT)
	동기 유발	**함께 생각해 보기** 우리는 매일 여러 가지 의사결정을 하고 있습니다. 예를 들면, '어떤 것을 먹을까?', '숙제를 먼저 할까? 게임을 먼저 할까?' 등 일상적인 일들에 대해서는 순간적으로 판단이 이루어지기도 하지만, '이 직업을 갖기 위해서는 어떤 공부와 전공을 해야 할까?'와 같이 신중한 결정을 내려야 하는 경우도 있습니다. 오늘은 의사결정의 기본 단계를 적용하여 일상생활 속 결정의 순간에 어떻게 행동하면 좋을 지 연습해 보도록 하겠습니다. • 의사결정의 기본 단계를 학습함으로써 여러 가지 상황에서 보다 나은 선택을 할 수 있다는 것을 설명한다.	**함께 생각해 보기** • 설명을 잘 듣는다.	
	학습 목표 확인	**학습목표 제시** • 의사결정 단계와 방법에 관한 학습 목표를 설명한다. ① 의사결정의 기본단계를 설명할 수 있다. ② 의사결정스킬을 적용하여 갈등 상황에서 바람직한 결정을 할 수 있다.	**학습목표 확인하기** • 보다 나은 행동을 선택하기 위한 의사결정스킬에 대한 학습내용을 확인한다.	
전개 (30분)	학습 활동 안내	**학습활동 안내** **활동 1.** 의사결정 기본 단계(Stop – Think – Go) 알아보기 **활동 2.** 의사결정 기본 단계(Stop – Think – Go) 적용 연습 **활동 3.** 상황에 따라 의사결정 기본 단계(Stop – Think – Go) 적용하기	**학습활동 인지**	

학습 단계 (시간)	주요 학습 활동	교수 · 학습활동		자료 및 유의점
		교사	학생	
	개념 이해	**활동 1. 의사결정 기본 단계(Stop – Think – Go) 알아보기** • 워크북: 활동 1 '의사결정 기본 단계 확인: 갈등상황 → Stop – Think – Go'를 바탕으로 의사결정의 기본 단계에 대해 설명한다. 의사결정에는 세 가지 단계가 있습니다. 먼저 첫 번째 단계는 'STOP'입니다. 바로 행동을 하는 것이 아니라 멈춰서 '무엇이 문제인지, 결정할 일은 무엇인지'를 명확히 하는 것 입니다. 두 번째 단계는 'THINK'입니다. 명확히 한 문제를 해결할 방법에는 어떤 것들이 있을지 생각해 보고 찾아보는 것입니다. 또한 그 방법을 선택한 경우 어떤 결과가 있을지도 생각해 보아야 합니다. 세 번째 단계는 'GO'입니다. 여러 가지 방법 중에서 가장 좋다고 생각하는 해결방법을 선택합니다. 여러분들이 앞으로 선택을 해야 하는 상황에서 이와 같은 방법을 사용하게 되면 보다 나은 의사결정을 할 수 있습니다.	**활동 1. 의사결정 기본 단계(Stop – Think – Go) 알아보기** • 강의참고자료와 워크북을 보면서 설명을 잘 듣는다. • 의사결정 기본 3단계를 잘 숙지한다.	워크북
	개별 활동	**활동 2. 의사결정 기본 단계(Stop – Think – Go) 적용 연습** • 예시 상황을 설명하고, 의사결정 기본단계에 따라 반 전체가 생각해 보도록 한다. 예시 상황) 이럴 때 어떻게 할까? 부모님께 아직 허락 받지 않았는데, 친한 친구가 학교 끝나고 한 시간만 자기 집에서 놀고 가라고 한다. 집에 가서 숙제도 해야 하고, 학원도 가야 하는데, 친구와도 놀고 싶다. 상황을 이해했나요? 의사결정 단계에 따라 생각해 봅시다. 첫 번째 단계는 'STOP'입니다. 일단 멈추고 '무엇이 문제인지', '결정할 일은 무엇인지'를 명확히 합니다. 그러면 어떻게 대답을 할 수 있을까요? 그리고 어떤 방법이 있을까요? (친구네 집에 놀러간다/놀러가지 않는다) 또 각각의 방법을 선택할 경우 어떤 결과가 나올까요? 좋은	**활동 2. 의사결정 기본 단계(Stop – Think – Go) 적용 연습** • 예시 상황에 대해 생각해 보고 각각의 질문에 답을 워크북: 활동 2에 작성다.	워크북

학습 단계 (시간)	주요 학습 활동	교수·학습활동		자료 및 유의점
		교사	학생	
	모둠 토의	점과 나쁜 점을 함께 생각해 봅시다. (친구네 집에 놀러갈 때 좋은 점은 친구랑 재미있게 시간을 보낼 수 있다 친구랑 더 친해진다 / 나쁜 점은 부모님께 허락을 받지 않아 부모님께 혼날 수 있다 부모님이 걱정한다 숙제하고 학원갈 시간에 늦는다 등) 마지막으로 각 방법의 좋은 점과 나쁜 점을 고려하여 가장 좋은 방법을 선택하는 것입니다. 그것은 여러분의 선택입니다. 이 때 어떤 점이 더 중요한지 잘 살펴보고 선택해야 합니다. • 예시상황에서 어떤 방법이 있는지, 각각의 방법이 좋은 점과 나쁜 점은 무엇인지 학생들에게 물어보며 의사결정 기본 단계를 확인한다. **활동 3. 상황에 따라 의사결정 기본 단계(Stop – Think – Go) 적용하기** • 모둠별로 전지를 받는다. • 모둠별로 대표가 상황제시 쪽지를 하나씩 뽑도록 하고, 모둠원들과 받은 상황을 읽어보도록 한다. • 의사결정 기본단계를 적용하여 모둠원들이 의견을 나누어 보고, 그 내용을 전지에 정리하여 적도록 안내한다. 모둠 대표가 나와 우리 모둠에서 생각해 볼 상황 제시 쪽지를 하나씩 뽑겠습니다. 뽑은 쪽지의 내용을 모둠원들과 함께 읽어보고 어떤 상황인지 잘 생각해 봅시다. • 의사결정의 기본 단계 'STOP'에 대해 생각하도록 지도한다. 이러한 상황이 발생했을 때 어떻게 해야 할까요? 이럴 때 의사결정의 기본 단계를 활용하는 것입니다. 우선 '반드시 결정해야 할 것'을 생각해 봅시다. • 의사결정의 기본 단계 'THINK'에 대해 생각하도록 지도한다.	• 좋은 점과 나쁜 점을 고려해서 가장 좋은 선택을 고른다. **활동 3. 상황에 따라 의사결정 기본 단계(Stop – Think – Go) 적용하기** • 각 모둠 대표는 상황예시 쪽지를 뽑아 모둠원과 함께 읽는다. • 먼저 STOP 한 후, '반드시 결정해야 할 일'에 대해 각자의 의견을 말한다. • 의사결정 기본 단계 'THINK'에 관해 서로 토의하고 추론한다.	워크북 (상황 제시) 뽑기용 상황예시 쪽지 ※활동 3은 수업 시간을 고려하여 교사 재량에 따라 선택하여 할 수 있다.

학습 단계 (시간)	주요 학습 활동	교수·학습활동		자료 및 유의점
		교사	학생	
		• 어떤 방법이 있는지 생각해 보게 하고 모둠에서 의견을 나누도록 지도한다. 이 방법들 중 3가지를 골라 전지에 적고, 각각의 좋은 점과 나쁜 점을 생각해 보도록 한다. 모둠 내에서 아마 여러 가지 의견들이 나왔을 것입니다. 지금까지 나온 의견 중 괜찮다고 생각되는 방법 3가지를 골라 전지에 적습니다. 그리고 각각의 선택이 어떤 결과가 나올지 생각해 봅시다. 각각의 방법을 선택했을 때 좋은 점과 나쁜 점을 의견을 나누고 전지에 적어봅시다. • 의사결정 기본 단계의 마지막인 GO의 결과에 대해 생각해 보도록 하고 의견을 교환하도록 한다. 이제 마지막 GO 단계입니다. 여러분이 생각한 좋은 점과 나쁜 점을 고려해서 가장 좋다고 생각한 방법과 그 이유를 모둠원들이 토의하여 적도록 합니다.	• 최종적으로 가장 좋다고 생각되는 방법이 무엇인지 모둠원들이 토의하여 결정하고 그 이유를 적는다.	
	전체 발표	• 작성한 전지를 칠판에 붙인다. • 모둠 대표가 나와 상황을 간단히 설명하고, 선택한 내용과 그 이유를 발표한다. 모두 정리가 끝났으면 정리한 전지를 칠판에 붙이도록 합니다. 모둠 대표가 나와 자기 모둠의 상황이 무엇이었는지 간단히 설명하고, 우리 모둠에서 결정한 선택이 무엇이었는지, 그리고 그 이유는 무엇인지 발표해 보겠습니다.	• 모둠 대표는 자기 모둠의 내용을 발표한다.	
정리 (5분)	학습 정리 및 차시 예고	**학습 내용 정리 및 평가** • 의사결정 기본 단계를 다시 한 번 확인한다. 지금 여러분은 세 가지 단계를 거쳐 의사결정을 했습니다. 앞으로 여러분들이 무엇인가 결정할 때 이 단계를 떠올려 보도록 합시다. 우선 STOP입니다. 잠시 멈춰서 '결정해야 하는 문	**학습 내용 정리 및 평가** • 선생님의 설명을 잘 듣는다.	강의참고자료 (PPT)

학습 단계 (시간)	주요 학습 활동	교수·학습활동		자료 및 유의점
		교사	학생	
		제가 무엇인지'를 확실히 합니다. 이 단계에서 해결되는 문제가 많이 있습니다. 무엇을 어떻게 해야 할지 모를 때는 이 부분을 확실히 하도록 합니다. 다음은 THINK 입니다. 어떤 방법이 있는지 두 가지 이상 생각해 봅니다. 해결만을 생각할 것이 아니라 '그런 상황에 관여하지 않는다'나 '신뢰할 수 있는 사람에게 상의한다'라는 선택도 할 수 있습니다. 눈앞의 인간관계만 생각하지 말고 여러 각도에서 생각할 필요가 있습니다. 마지막은 GO 입니다. 신중하게 생각한 후 가장 좋다고 생각하여 선택한 것을 실행하도록 합니다. 대부분의 방법에는 좋은 점과 나쁜 점이 있습니다. 나쁜 점을 알고 실행하는 것과 모르고 실행하는 것에는 큰 차이가 있습니다. 나쁜 점도 확실히 파악한 뒤 실행하여 결과에 책임지는 것이 중요합니다. 평소에도 이 단계를 의식하고 늘 생각하려고 노력하면 보다 나은 의사결정을 하는데 큰 도움이 될 것입니다.		
		• 워크북: 정리 '스스로 평가해 보기'를 작성하도록 한다.	• 워크북: 정리 '스스로 평가해 보기'를 작성하면서 오늘 수업 내용을 되돌아보고 학습한 내용을 정리한다.	워크북
		• 다음 시간에는 '의사소통 잘하기'와 관련된 내용에 대해 학습할 것임을 예고한다.		

6. 가정 및 지역사회와 연계한 활동

• 가정에 수업 활동에 이용한 상황 예시 자료를 나누어 준다.
• 부모의 입장에서 작성하고 자녀들의 선택과 무엇이 다른지 이야기 하는 시간을 가질 수 있도록 안내한다.
  의사결정의 기본 단계를 함께 연습해 보면서 일방적으로 안 된다고 하지 말고, 왜 안 되는지에 대해 이야기를 나누며 서로의 생각을 이해하는 기회로 삼을 수 있도록 안내한다.

7. 평가계획

평가	질문내용	응답		
자기 평가	의사결정이 무엇인지 설명할 수 있나요?	우수	보통	노력
	의사결정 기본 단계(stop-think-go)를 정확히 설명할 수 있나요?	우수	보통	노력
	오늘 수업에 적극적으로 참여했나요?	우수	보통	노력
상호 평가	우리 모둠은 예시 상황의 의사결정 기본 단계를 잘 표현했나요?	우수	보통	노력
	오늘 수업에서 가장 기억에 남는 것 한 가지를 적어봅시다.			
종합 평가	잘한 점		보완할 점	
수업 소감	오늘 수업에서 느낀 점은 무엇인가요?			

활동1 의사결정 기본 단계(Stop-Think-Go) 알아보기

우리는 일상생활에서 매일 의사결정 상황에 직면한다. 때때로 결정을 내리는데 있어 깊은 고민 없이 결정을 내리는 경우가 있는데, 그 결과가 좋을 경우도 있지만, 많은 경우 신중하지 못한 판단으로 인해 결과에 실망하게 된다. 나이가 듦에 따라 우리는 더욱 복잡하고 다양한 갈등 상황에 직면하게 되고, 이런 상황에서의 옳은 결정이 인생에 많은 영향을 미치게 된다. 의사결정 기본 단계인 Stop-Think-Go는 이러한 신중한 결정을 하는 과정을 도와준다.

'STOP'
바로 행동을 하는 것이 아니라 멈춰서 '무엇이 문제인지, 결정할 일은 무엇인지'를 명확히 하는 단계.

'THINK'
명확히 한 문제를 해결할 방법에는 어떤 것들이 있을지 생각해 보고 찾아보는 단계. 또한 그 방법을 선택한 경우 어떤 결과가 있을지도 생각해 보아야 함.

'GO'
여러 가지 방법 중에서 가장 좋다고 생각하는 해결방법을 선택하는 단계.

활동2 의사결정 기본 단계(Stop-Think-Go) 적용 연습

이럴 땐 Stop-Think-Go!

예시 상황 이럴 때 어떻게 할까?

부모님께 아직 허락받지 않았는데 친한 친구가 학교 끝나고 한 시간만 자기 집에서 놀고 가라고 한다. 집에 가서 숙제도 해야 하고, 학원도 가야하는데 친구와도 놀고 싶다.

'STOP' 무엇이 문제인가?

....

'THINK' 가능한 선택방법들과 그에 따른 결과는?

- 가능한 방법들 • 결과들

1   1
....
2   2
....
3   3
....

'GO' 가장 좋다고 생각하는 해결방법은?

....

활동3 상황에 따라 의사결정 기본 단계(Stop-Think-Go) 적용하기 (상황 제시)

상황 1
학원가는 길에 같은 반 친구 몇 명이 모여 후배를 괴롭히고 있는 것을 보게 되었다. 그냥 지나치려고 했는데 그 후배와 눈이 마주쳤다.

상황 2
집에 가는 길에 빠른 길로 가려고 골목길로 갔더니 학교에서 조금 논다는 동네형 몇 명이 담배를 피우고 있었다. 그 중 한 명이 너도 한 번 피워보라며 담배를 권했다.

상황 3
방과 후 친구들과 간단히 간식을 사 먹으려고 학교 앞 분식집에 갔다. 옆 테이블에 윗 학년 선배들이 있었는데 시끄럽게 장난을 치면서 계속 우리 테이블을 쳐다보며 시비를 걸었다.

상황 4
등굣길에 좁은 골목에서 앞에 가는 아저씨가 계속 담배를 피우면서 가고 있다. 다른 데로 피해서 갈 수도 없어서 그 길로 가다보니 담배 연기를 계속 마시게 되어 기분이 나빴다.

상황 5
한 친구가 집이 비었다고 놀러 오라고 했다. 친구 집에 가니 친한 친구들 몇 명이 와 있었다. 친구들이 컴퓨터로 야한 동영상을 같이 보자고 했다.

상황 6
친구가 부모님이 집에 안 계시니 자기 집에서 놀자고 했다. 그래서 친한 친구 5~6명과 집에 갔더니 친구 아버지가 사다 놓으신 술 중에 맛있는 것이 있다며 티 안 나게 조금만 먹어보자고 했다.

PART 12 의사소통 잘하기

친구와의 갈등 상황에서 바람직한 의사소통을 한다.

1. 수업의 개관

우리는 일상생활에서 상대방과 대화와 소통이 되지 않아 오해가 생기거나, 신뢰가 떨어지는 경우가 있다. 친구와의 교우관계에서도 해결해야 하는 문제가 있을 때 공격적인 행동이나 말로 싸움이 일어나게 되거나, 반대로 수동적인 행동을 취하여 자신의 생각을 잘 전달하지 못하게 되는 경우가 있다. 이와 같이 대인관계에서 바람직한 인간관계를 가지기 위해서는 상대방의 기분을 잘 고려하고, 자신의 생각을 잘 정리하여 의견을 전달하는 자기주장적 의사소통이 필요하다. 이 수업에서는 갈등 상황에 대한 대응 방식 3가지를 알아보고, 이 때 활용가능한 자기주장적 의사소통스킬을 적용해 봄으로써 갈등 상황에서의 의사소통 능력을 기를 수 있다.

2. 수업의 학습목표

① 갈등 상황에서 자기주장적 의사소통스킬을 활용하는 방법을 말할 수 있다.

3. 활동 내용 및 준비물

- 워크북: 활동 1 '갈등 상황에 대한 기본 대응 방식 알아보기'
- 워크북: 활동 2 '갈등 상황 해결하기'
- 전지(또는 2절지)
- 매직(사인펜)

4. 주요 라이프스킬 개념

- 대인관계스킬
- 자기주장스킬
- 의사소통스킬

친구나 주변 사람들과의 관계에 있어 갈등 상황이 발생했을 때, 상대방의 기분과 입장을 고려하여 자신의 의견을 효과적으로 전달하는 자기주장적 의사소통으로 갈등상황 혹은 문제상황을 해결해 나가는 방법을 실습해 본다.

5. 교수-학습과정

수업명	12. 의사소통 잘하기		활동시간	40 분
학습주제	친구와의 갈등 상황에서 바람직한 의사소통하기			
학습목표	① 갈등 상황에서 자기주장적 의사소통스킬을 활용하는 방법을 말할 수 있다.			
수업전략	주 활동:	활동 1. 갈등 상황에 대한 기본 대응 방식 알아보기 [개별활동] 활동 2. 갈등 상황 해결하기 [모둠활동]		
	• 모둠을 편성한 후 말 전달하기 게임을 통해 명확한 의사전달의 중요성에 대해 생각해 보도록 한다. • 갈등 상황에서의 대응 방식 3가지 (대립-회피-문제해결) 방법에 대해 알아본다. • 친구 또는 주변 사람과의 갈등 상황에서 자기주장적 의사소통스킬을 이용해 상황을 해결하는 방법에 대해 토의한다.			
교수·학습 활동 및 자료	활동지	워크북: 활동 1 '갈등 상황에 대한 기본 대응 방식 알아보기' 워크북: 활동 2 '갈등 상황 해결하기'	라이프스킬 주 개념	대인관계스킬 자기주장스킬 의사소통스킬
	준비물	전지(또는 2절지), 매직(사인펜)		

학습 단계 (시간)	주요 학습 활동	교수·학습활동		자료 및 유의점
		교사	학생	
도입 (8분)	모둠 편성	**모둠 구성 활동** • 수업 시작 전 5~6인의 모둠을 편성한다.	**모둠 만들기** • 5~6인으로 모둠을 만들고 자리에 앉는다.	강의참고자료 (PPT) ※말 전달하기 게임용 메시지 카드를 모둠 수에 맞게 미리 준비한다. ※시간이 너무 지체되지 않도록 한다.
	동기 유발	**말 전달하기 게임하기** • 말 전달하기 게임 방법에 대해 설명하고 모둠별로 모든 인원이 참여할 수 있도록 시간을 고려한다. 지금부터 말 전달하기 게임을 하겠습니다. 한 모둠씩 차례로 게임을 진행할 테니 첫 번째 모둠원들은 앞으로 나와 일렬로 섭니다. 선생님이 알려주는 말을 들은 첫 번째 사람은 뒷사람에게 들은 말을 그대로 전달하면 됩니다. 다만 다른 사람들에게 안 들리도록 귓속말로 전달합니다. 맨 마지막 사람은 들은 말을 크게 말하면 됩니다. 각 모둠별로 얼마나 정확하고 빠르게 마지막 사람에게까지 전달했는지를 체크할 것입니다. • 게임에 사용할 메시지의 예시: '오늘 급식은 미역국, 소시지 볶음, 김치, 계란말이이다.', '엄마가 부탁한 심부름 내용은 마트에서 간장, 계란, 사과를 사오는 것이다.' 등 • 교사가 첫 번째 모둠원에게 메시지를 전달하고 마지막 사람이 말할 때까지 시간을 측정한다. 시간과 함께 전달한 메시지가 얼마나 처음과 일치하는지 모두가 확인할 수 있도록 한다. • 어느 모둠이 빨랐는지, 어느 모둠이 정확했는지 그 이유가 무엇인지 발표하게 한다. 제일 빨리 전달하였다고 메시지 내용이 정확하지는 않았을 것입니다. 정확한 내용을 빠르게 전달하기 위해서는 어떤 것들이 필요할까요? 문장이나 단어를 잘 구분하여 분명한 발음으로 천천히 말하는 것이 정확하고 빠르게 의사전달을 하는 하나의 방법이 될 수 있습니다.	**말 전달하기 게임하기** • 모둠별로 한 팀이 되어 말 전달하기 게임을 한다.	

학습 단계 (시간)	주요 학습 활동	교수 · 학습활동		자료 및 유의점
		교사	학생	
	학습 목표 확인	**학습목표 제시** • 자기주장적 의사소통스킬에 관한 학습목표를 설명한다. 우리는 일상생활에서 대화와 소통이 되지 않아 오해가 생기거나 상대방과 다툼이 일어나는 경우를 겪습니다. 친구와의 관계에 있어서도 서로 갈등이 생겼을 때 공격적인 행동이나 말로 인해 싸움이 일어나게 되고, 반대로 수동적인 행동을 취하면 자신의 생각을 잘 전달하지 못하게 됩니다. 이와 같이 대인관계에 있어 바람직한 인간관계를 가지기 위해서는 자신의 생각을 잘 정리하고 상대방의 기분을 잘 고려하여 자신의 의견을 전달하는 자기주장적 의사소통이 필요합니다. 오늘 수업에서는 어떻게 이러한 자기주장적 의사소통을 잘 할 수 있는지 알아보고, 갈등 상황에서 이 방법을 어떻게 사용할 수 있을지에 대해 학습하겠습니다. ① 갈등 상황에서 자기주장적 의사소통스킬을 활용하는 방법을 말할 수 있다.	**학습목표 확인하기** • 학습내용을 확인한다.	
전개 (28분)	학습 활동 안내	**학습활동 안내** **활동 1. 갈등 상황에 대한 기본 대응 방식 알아보기** **활동 2. 갈등 상황 해결하기**	**학습활동 인지**	
	개념 이해	**활동 1. 갈등 상황에 대한 기본 대응 방식 알아보기** • 워크북과 강의참고자료를 바탕으로 갈등 상황의 기본 대응 방식인 '대립, 회피, 문제해결'의 개념에 대해 설명한다.	**활동 1. 갈등 상황에 대한 기본 대응 방식 알아보기** • 선생님의 설명을 잘 듣는다.	강의참고자료 (PPT) 워크북

학습 단계 (시간)	주요 학습 활동	교수·학습활동		자료 및 유의점
		교사	학생	
		우리가 어떤 갈등 상황에 놓였을 때 그에 대해 대응하는 방식에는 크게 대립, 회피, 문제해결의 세 가지 방법이 있습니다. 대립 방법은 상대방에게 큰소리로 소리치거나 신체적으로 밀거나 공격하는 행동을 취함으로써 내 반대의사를 표현하는 것입니다. 회피 방법은 갈등상황이 없는 것처럼 모른 척하거나 상대방을 피함으로써 갈등 상황에 대해 어떤 행동도 취하지 않는 방법입니다. 마지막 문제해결 방법은 상대방과 함께 문제를 해결하기 위한 방법을 타협해 나가는 것을 의미합니다. 대부분의 갈등 상황에서는 문제해결 대응방법이 좋은 응대 방식입니다. 그러나 여러분이 위험에 처할 가능성이 있을 경우, 회피 방식이 가장 좋은 해결책이 될 수 있습니다. 또, 여러분의 기본 권리가 침해당하는 경우에는 대립 방식이 적절한 대응 방식일 수 있습니다.		
	모둠 토의	**활동 2. 갈등 상황 해결하기** • 각 모둠마다 전지와 갈등상황 예시가 적힌 쪽지를 나눠준다. • 갈등 상황을 잘 읽고, 그 상황에서 대응할 수 있는 다양한 대립, 회피, 문제해결 방법에 대해 각각 적도록 안내한다. • 모둠에서 나온 갈등 상황 대응 방법 중 가장 좋은 방법을 하나 정하여 적게 한다. 갈등 상황이 무엇인지 모둠원들이 모두 읽은 후, 이 갈등 상황에서 대응할 수 있는 방법을 앞에 학습한 대립, 회피, 문제해결 방식으로 나누어 생각해 봅시다. 모둠원들의 다양한 의견을 모두 전지에 적습니다. 각각의 대응 방식에 대해 나온 의견을 모두 적었으면, 이 중에서 가장 좋은 방법이 무엇인지 토의해 봅시다. 가장 좋은 방법으로 선택된 방법을 정리하여 다시 한 번 전지에 적습니다. • 작성한 전지를 칠판에 붙인다.	**활동 2. 갈등 상황 해결하기** • 모둠에 주어진 갈등 상황을 읽고, 3가지 갈등 상황 대응 방법에 따라 어떤 대응이 가능한지 생각해 보고 모둠의 의견을 모두 적는다. • 가장 좋은 방법이라고 생각되는 것을 모둠원들끼리 상의한 후 정한다.	강의참고자료 (PPT) 워크북 전지(또는 2절지), 매직(사인펜) 갈등 상황 예시 쪽지

학습 단계 (시간)	주요 학습 활동	교수·학습활동 교사	교수·학습활동 학생	자료 및 유의점
	전체 발표	• 모둠 대표가 나와 상황을 간단히 설명하고, 선택한 내용과 그 이유를 발표한다. 모두 정리가 끝났으면 정리한 전지를 칠판에 붙이도록 합니다. 모둠 대표가 나와 자기 모둠의 갈등 상황이 무엇이었는지 간단히 설명하고, 우리 모둠에서 결정한 선택이 무엇이었는지, 그리고 그 이유는 무엇인지 발표해 보겠습니다.	• 모둠 대표는 자신의 모둠이 작성한 내용을 발표한다.	
정리 (4분)	학습 정리 및 차시 예고	**학습 내용 정리 및 평가** • 타인과의 원활하고 효과적인 의사소통을 위해 자기주장적 의사소통스킬이 왜 중요한지에 대해 정리하여 설명한다. 의사소통스킬은 태어날 때부터 가지고 있는 능력이 아니라 학습을 통해 개발되는 능력입니다. 다른 사람의 의견을 잘 듣고, 또 내 의견을 잘 전달하는 사람은 생활 속에서 어려움이 닥쳤을 때에 내 문제를 다른 사람과 공유하고 그에 따른 조언을 잘 받아들여 어려움을 잘 헤쳐 나올 수 있습니다. 오늘 수업 중 배운 대립/회피/문제해결 대응 방법을 잘 기억하고 익숙해지도록 연습해 두면, 앞으로 다른 사람과 문제가 생겼을 때 옳은 방향으로 문제를 해결해 나갈 수 있을 것입니다. • 워크북: 정리 '스스로 평가해 보기'를 작성하도록 한다. • 다음 시간에는 '유혹 거절하기'와 관련된 내용에 대해 학습할 것임을 예고한다.	**학습 내용 정리 및 평가** • 선생님의 설명을 잘 듣는다. • 워크북: 정리 '스스로 평가해 보기'를 작성하면서 오늘 수업 내용을 되돌아보고 학습한 내용을 정리한다.	워크북

6. 가정 및 지역사회와 연계한 활동

- 가정에 학급통신 등을 이용하여 수업 내용에서 다룬 의사소통스킬에 대해 안내하고, 가정에서도 학생이 수업에서 배운 의사소통스킬을 활용하여 대화하는 연습을 할 수 있도록 관심을 가져 줄 것을 요청한다.

7. 평가계획

평가	질문내용	응답		
자기 평가	갈등 상황에 대응하는 방법인 대립/회피/문제해결 방법이 무엇인지 설명할 수 있나요?	우수	보통	노력
	자기주장적 의사소통스킬이 중요한 이유를 말할 수 있나요?	우수	보통	노력
	오늘 수업에 적극적으로 참여했나요?	우수	보통	노력
상호 평가	우리 모둠은 갈등 예시 상황에 대한 대응 방법에 대해 활발히 토의했나요?	우수	보통	노력
	오늘 수업에서 가장 기억에 남는 것 한 가지를 적어봅시다.			
종합 평가	잘한 점		보완할 점	
수업 소감	오늘 수업에서 느낀 점은 무엇인가요?			

활동1 갈등 상황에 대한 기본 대응 방식 알아보기

갈등상황, 이렇게 대응하자!

갈등상황의 기본 대응 방식

방법 1 대립방법

상대방에게 큰소리로 소리치거나 신체적으로 밀거나 공격하는 행동을 취함으로써 내 반대의사를 표현하는 방법

예시 "아니라니까!", "그냥 이렇게 해."

방법 2 회피방법

갈등상황이 없는 것처럼 모른 척하거나 상대방을 피함으로써 갈등상황에 대해 어떤 행동도 취하지 않는 방법

예시 "복잡하게 생각하지 말고 좀 쉬자."
"머리 아프니까 뭐라도 먹을까?"
"나도 몰라."

방법 3 문제 해결방법

상대방과 함께 문제를 해결하기 위한 방법을 타협해 나가는 방법

예시 "그럼 이렇게 하는게 어때?"
"내 생각엔 이렇게 하는게 필요할 거 같은데…"
"같이 생각해 보자."

활동2 갈등 상황 해결하기

우리 모둠에 주어진 상황을 잘 읽어보고, 모둠원들과 갈등 상황 기본 대응 방식인 대립방법, 회피방법, 문제해결방법에 따른 대응의 예를 이야기해 보고, 그 결과를 적어봅시다. 그리고 3가지 방법 중 가장 최선의 갈등 대응 방식은 무엇인지 함께 논의한 후 적어보세요.

상황(   )

대립방법

〈실제 대응의 예〉
1.
2.
3.

〈결과들〉
1.
2.
3.

회피방법

〈실제 대응의 예〉
1.
2.
3.

〈결과들〉
1.
2.
3.

문제 해결방법

〈실제 대응의 예〉
1.
2.
3.

〈결과들〉
1.
2.
3.

우리 모둠이 선택한 가장 최선의 방법 :

활동2 갈등 상황 자료

갈등 상황 1

A는 친구로부터 가장 친한 친구인 B가 자신에 대해 안 좋은 이야기를 하고 다닌다는 것을 듣게 되었다.

갈등 상황 2

C는 방과 후 집에 가는 길에 무리 지어 가는 다른 학교 아이들 5~6명과 마주쳤다. 그 아이들은 이유 없이 괜히 C를 쳐다보며 웃고 놀리면서 시비를 걸기 시작했다.

갈등 상황 3

D의 짝인 E는 계속 D의 물건을 물어보지 않고 가져다 쓰곤 한다. D는 전에도 몇 번이나 E에게 그러지 말라고 얘기했지만 E의 행동은 바뀌지 않았다.

갈등 상황 4

G는 새로 사귀게 된 친구 H가 집에 놀러 오라고 하자 부모님께 허락 받아야 한다고 말했다. 그런데 부모님은 아직 H에 대해 잘 모르니 집에 가는 것도 안 되고 학교 밖에서 따로 만나 지도 말라고 하신다. G가 계속 H와 놀겠다고 하니 엄마는 결국 화를 내셨다.

PART 13 유혹 거절하기

자기주장적 의사소통스킬을 활용하여 건강위험행동에 대한 유혹을 분명히 거절할 수 있다.

1. 수업의 개관

청소년기에는 주변 사람들과의 인간관계에서 다른 사람들의 시선과 평가에 매우 민감하다. 특히 교육관계에 있어 무리에서 따돌림 당하는 것에 대한 두려움으로 주변 사람의 권유를 옳지 않다고 생각하면서도 따르는 경우가 많다. 그러나 이러한 행동은 위험행동으로 이어질 가능성이 높다. 이 때 필요한 능력이 상대방과의 관계를 깨뜨리지 않고 자신의 의사를 전달하는 자기주장적 의사소통스킬이다. 이 수업에서는 자기주장적 의사소통스킬을 실생활에서 활용하는 방법을 학습한 후, 역할극을 통해 실생활에 적용해 보는 연습을 해 봄으로써 건강위험행동에 대한 유혹을 거절할 수 있는 스킬을 학습한다.

2. 수업의 학습목표

① 효과적인 언어적, 비언어적 의사소통 방법에 대해 설명할 수 있다.
② 자기주장적 의사소통스킬을 활용하여 건강위험행동에 대한 유혹을 거절할 수 있다.

3. 활동 내용 및 준비물

- 워크북: 활동 1 '자기주장적 의사소통스킬 알아보기'
- 워크북: 활동 2 '자기주장적 의사소통스킬을 활용하여 대본 작성하기'
- 워크북: 활동 3 '역할극 평가지'
- 역할극용 명찰

4. 주요 라이프스킬 개념

- 자기주장스킬
- 대인관계스킬
- 의사소통스킬

친구나 주변 사람에게 원하지 않는 것을 하도록 압력을 받았을 때에는 상대방을 존중하면서 자신의 생각을 명확히 전달하는 자기주장적 의사소통스킬이 필요하다는 것을 알고 역할극으로 실생활에 적용할 수 있는 연습을 한다.

5. 교수-학습과정

수업명	13. 유혹 거절하기		활동시간	40 분
학습주제	자기주장적 의사소통스킬을 활용해 건강위험행동에 대한 유혹 거절하기			
학습목표	① 효과적인 언어적, 비언어적 의사소통 방법에 대해 설명할 수 있다. ② 자기주장적 의사소통스킬을 활용하여 건강위험행동에 대한 유혹을 거절할 수 있다.			
수업전략	주 활동:	활동 1. 자기주장적 의사소통스킬 알아보기 [개별활동] 활동 2. 자기주장적 의사소통스킬을 활용하여 대본 작성하기 [개별활동] 활동 3. 모둠별 역할극 시연해보기 [개별활동] 활동 4. 최종대본 발표하기 [모둠활동]		
	• '생일 순서대로 집합하기' 게임을 통해 비언어적 전달 요소의 중요성과 효과성에 대해 생각해 볼 수 있는 시간을 갖고, 이 게임을 이용해 5~6 인으로 모둠을 편성한다. • 유혹을 명확히 그리고 효과적으로 거절하는 대사를 생각해 보고 자기주장적 의사소통스킬을 확인한다. • 역할극 활동을 통해 언어적, 비언어적 요소를 포함하는 자기주장적 의사소통스킬을 학습하여 실생활에 적용하는 연습 기회를 갖는다.			
교수·학습 활동 및 자료	활동지	워크북: 활동 1 '자기주장적 의사소통스킬 알아보기' 워크북: 활동 2 '자기주장적 의사소통스킬을 활용하여 대본 작성하기' 워크북: 활동 3 '역할극 평가지'	라이프스킬 주 개념	자기주장스킬 대인관계스킬 의사소통스킬
	준비물	역할극용 명찰		

학습 단계 (시간)	주요 학습 활동	교수·학습활동		자료 및 유의점
		교사	학생	
도입 (8분)	모둠 편성 및 동기 유발	**생일 순서대로 집합하기 게임(비언어적 요소로 소통하기)** • 생일 순서대로 집합하기 게임 방법을 설명하고 게임을 통해 5~6인의 모둠을 편성한다. 지금부터 생일 순서대로 집합하기 게임을 하겠습니다. 말을 하지 않고 1월부터 6월생은 오른쪽, 7월부터 12월생은 왼쪽에 모이세요. 그리고 생일이 빠른 사람부터 늦은 사람 순서대로 서도록 합니다. 절대 말을 해서는 안 됩니다. 손짓이나 몸짓으로만 의사를 전달합니다. • 줄서기가 끝나면 앞사람부터 생일이 언제인지 발표하게 하고 순서가 맞는지 확인한다. • 앞에서부터 5~6인정도의 인원수로 모둠을 만든다. • 어느 쪽이 빨랐는지, 어느 쪽이 느렸는지 그 이유가 무엇인지 발표하게 한다. 아마도 빨랐던 쪽은 손짓, 몸짓, 표정 등 비언어적 활동을 더 잘했을 것입니다. 오늘 수업은 이러한 비언어적 요소를 포함하여 얼마나 의사표현을 잘할 수 있는지에 대해 학습할 것입니다.	**생일 순서대로 집합하기 게임(비언어적 요소로 소통하기)** • 생일 순서대로 집합하기 게임을 한다. • 모둠을 만들고 자리에 앉는다. • 질문에 답한다.	강의참고자료 (PPT) ※시간이 너무 지체되지 않도록 한다.
	학습 목표 확인	**학습목표 제시** • 자기주장적 의사소통스킬을 사용하여 유혹 거절하기에 관한 학습목표를 설명한다. 우리는 일상생활에서 무엇인가를 결정할 때 주위 사람들의 영향을 많이 받습니다. 특히 사춘기에는 친구들의 영향이 점점 커지게 됩니다. 친구들이 옳지 않은 일을 권할 때 거절하기 어렵다고 느끼기도 합니다. 하지만 그런 위험행동을 피하기 위해서는 확실히 거절 의사를 말해야 합니다. 이럴 때 사용할 수 있는 기술이 자기주장적 의사소통스킬입니다. 이번 시간에는 자기주장적 의사소통스킬을 사용하여 위험한 행동을 하도록 유혹하는 친구를 거절하는 방법을 학습하겠습니다.	**학습목표 확인하기** • 학습내용을 확인한다.	

학습단계 (시간)	주요 학습 활동	교수·학습활동		자료 및 유의점
		교사	학생	
		① 효과적인 언어적, 비언어적 의사소통 방법에 대해 설명할 수 있다. ② 자기주장적 의사소통스킬을 활용하여 건강위험행동에 대한 유혹을 거절할 수 있다.		
전개 (28분)	학습 활동 안내	**학습활동 안내** **활동 1. 자기주장적 의사소통스킬 알아보기** **활동 2. 자기주장적 의사소통스킬을 활용하여 대본 작성하기** **활동 3. 모둠별 역할극 시연해보기** **활동 4. 최종대본 발표하기**	**학습활동 인지**	
	개념 이해	**활동 1. 자기주장적 의사소통스킬 알아보기** • 워크북: 활동 1 '자기주장적 의사소통스킬을 사용하여 거절하기'를 바탕으로 언어적 요소와 비언어적 요소에 대해 설명한다. 역할극을 실시하기 전에 먼저 효과적인 자기주장적 의사소통스킬의 언어적 요소와 비언어적 요소에 대해 알아보겠습니다. 이러한 요소들을 잘 사용하면 유혹을 확실히 거절할 수 있습니다. 자기주장적 의사소통은 언어적 요소가 중요합니다. 그러나 보다 나은 자기주장적 의사소통을 하려면 언어적 요소뿐 아니라 목소리의 크기나 톤, 시선, 표정, 몸짓, 상대방과의 거리 등의 비언어적 요소도 중요합니다. 대본은 '언어적 요소'를 완성한 것입니다. 지금부터 실시할 역할극에서는 또 다른 요소인 비언어적 요소를 의식하면서 연기해 봅시다. 상대방의 기분을 상하지 않게 하면서 자신의 의사를 정확하게 전달할 수 있도록 목소리의 크기나 톤, 표정이나 몸짓 등에도 주의를 기울이도록 합니다.	**활동 1. 자기주장적 의사소통스킬 알아보기** • 강의참고자료와 워크북: 활동 1을 보면서 설명을 잘 듣는다.	워크북 강의참고자료 (PPT)

학습 단계 (시간)	주요 학습 활동	교수 · 학습활동		자료 및 유의점
		교사	학생	
	개별 활동	**활동 2. 자기주장적 의사소통스킬을 활용하여 대본 작성하기** • 1961년 사회심리학자 윌리엄 맥과이어가 처음 제안한 '예방접종이론 (Inoculation Theory)'에 따르면, 마치 미량의 항원을 주입해 항체를 생성하는 예방주사처럼, 약한 정도의 반대 논리에 미리 노출된 사람들은 더 강하게 자신의 태도를 지키게 된다. 이 이론에 따르면 미리 술, 담배 등의 건강위험행동을 권하는 것을 거절하는 연습을 해 본 학생들은 실제 유혹의 상황이 왔을 때 더 분명히 거절의사를 표현할 수 있게 된다. • 워크북: 활동 2 '자기주장적 의사소통스킬을 활용하여 대본 작성하기'를 보며 대본의 상황을 파악하게 한다. 상황을 잘 이해했나요? 그럼 지금부터 자기주장적 의사소통스킬을 이용하여 친구의 유혹을 거절하는 대사를 생각해 보고, 대본에 적어봅시다.	**활동 2. 자기주장적 의사소통스킬을 활용하여 대본 작성하기** • 워크북의 상황을 읽고 파악한다. • 모둠 내에서 각자 자신의 대본을 작성한다.	
	개념 이해	**활동 3. 모둠별 역할극 시연해보기** • 강의참고자료 (ppt)의 내용을 게시하고 역할극의 목적, 순서, 유의사항 등에 관해 설명한다. 앞의 화면을 보세요. 역할극의 목적과 순서, 유의사항 등에 대해 설명하겠습니다. • 워크북: 활동 3 '역할극 평가지'를 바탕으로 평가 방법에 대해 설명한다. 다음은 평가 방법에 대한 설명입니다. 워크북을 함께 봐 주세요. 친구의 연기를 보고 활동지 1~3번 평가항목에 '아주 좋았다' '좋았다' '조금만 수정하면 더 좋아질 것이다' 세 단계로 평가하여 기록합니다. 4번에는 그 외에 좋았던 점을 자유롭게 적습니다. 1명의 연기가 끝나면 평가지의 내용을 바탕으로 연기자의 연기 중 특히 좋았던 점을 중심으로 의견을 교환해 봅시다.	**활동 3. 모둠별 역할극 시연해보기** • 강의참고자료의 내용을 바탕으로 역할극의 목적, 순서, 유의사항, 평가방법 등의 설명을 잘 듣는다. • 워크북: 활동 3 의 평가지를 바탕으로 평가방법을 숙지한다.	워크북 강의참고자료 (PPT) 워크북

학습 단계 (시간)	주요 학습 활동	교수·학습활동		자료 및 유의점
		교사	학생	
	모둠 내 발표	• 순서나 유의사항, 평가방법을 잘 이해했는지 확인한다. • 모둠에 역할 명찰을 나누어 준다. • 모둠원 모두가 한 번씩 거절자 역할을 하여 작성한 대사를 연기하도록 역할극을 진행한다. • 워크북: 활동 3 '역할극 평가지'에 모둠원들이 역할극을 시작하면 평가하도록 한다. 각자가 작성한 대사를 모둠 안에서 서로 역할극 해 봅시다. 이때 친구의 역할극을 들으며 평가지를 완성해 보세요. 친구의 대사 내용, 목소리의 크기나 톤, 표정이나 몸짓 등을 평가하세요. 그럼 지금부터 모둠별로 역할극을 시작하겠습니다. 순서나 유의사항을 잘 지키고 진지하게 임해주기를 바랍니다.	• 작성된 대본을 보면서 역할극을 한다. • 내 차례가 아닐 때에는 친구들의 역할극을 평가한다.	네임카드 또는 명찰 워크북 ※ *유혹자 역할 연기시 담배 피는 동작이나 흉내를 내지 않도록 확실히 지도한다.* ※ 연기 전후에 박수를 치게 하는 등 학급 전체가 활동에 적극적으로 참여할 수 있는 분위기를 조성한다.
	전체 발표	**활동 4. 최종대본 발표하기** • 모둠의 역할극이 모두 끝나면, 모둠원들의 대사 중 가장 좋은 것을 선택하거나 새로운 대사를 토의하여 모둠의 최종 대본을 완성하고 연습한다. 모둠에서 친구들이 연기한 대사 중 좋았던 점을 반영해 가장 적합한 자기주장적 의사소통 대사를 정합니다. 그리고 친구들의 의견이나 발표 내용을 참고로 모둠 전체 최종 대본을 작성해서 모둠원들이 함께 연습해 보세요. 연습 후 모둠별로 발표하겠습니다. • 모둠별 역할극 연습이 끝나면 모둠별로 역할극을 발표한다. • 연기가 끝날 때마다 어떤 점이 좋았는지 의견교환을 하며 진행한다.	**활동 4. 최종대본 발표하기** • 모둠원들과 토의하여 최종 대본을 완성한다. • 최종 완성된 대본을 보면서 모둠별로 연습한다. • 모둠별로 대표들이 나와 역할극을 발표한다. • 끝날 때마다 박수로 격려한다. • 좋았던 점에 대해 발표한다.	

학습 단계 (시간)	주요 학습 활동	교수 · 학습활동		자료 및 유의점
		교사	학생	
		모두 역할극을 해보았습니다. 각 모둠에서 최종적으로 연습한 내용을 발표하겠습니다. 지금 끝난 모둠은 어떤 점이 좋았나요? 어느 모둠의 내용이 좋았나요? 그리고 가장 잘 한 모둠은 어느 모둠이었나요?		
정리 (4분)	학습 정리 및 차시 예고	**학습 내용 정리 및 평가** • 오늘의 수업 활동을 통해 느낀 점을 몇몇 학생들에게 발표시킨다. 오늘 수업을 통해 느낀 점을 이야기해 봅시다. • 워크북: 정리 '스스로 평가해 보기'를 작성하도록 안내한다. • 다음 시간에는 '건강한 체중관리'와 관련된 내용에 대해 학습할 것임을 예고한다.	**학습 내용 정리 및 평가** • 워크북: 정리 '스스로 평가해 보기'를 작성하면서 오늘 수업 내용을 되돌아보고 학습한 내용을 정리한다.	워크북

6. 가정 및 지역사회와 연계한 활동

• 가정에 수업 활동과 관련한 학급통신문을 전달하고, 가정에서도 부모가 건강위험행동을 유혹하는 역할을 하여 역할극을 진행해 보도록 안내한다. 이러한 역할극 연습을 통하여 자녀가 유혹을 거절하는 자기주장적 의사소통스킬을 완전히 습득할 수 있도록 가정에서의 지속적인 관심과 지도를 요청한다.

7. 평가계획

평가	질문내용	응답		
자기 평가	친구가 위험한 행동을 권할 때 언어적/비언어적 표현을 사용하여 거절할 수 있나요?	우수	보통	노력
	역할극을 통해 거절 기술을 시범 보일 수 있나요?	우수	보통	노력
	오늘 수업에 적극적으로 참여했나요?	우수	보통	노력
상호 평가	우리 모둠원들은 역할극 활동에 활발히 참여했나요?	우수	보통	노력
	대본과 연기를 통해 자기주장적 의사소통스킬을 이용해 거절 의사를 가장 잘 전달한 모둠은 어디인가요?			
	오늘 수업에서 한 역할극 활동의 좋았던 점 한 가지를 적어봅시다.			
종합 평가	잘한 점		보완할 점	
수업 소감	오늘 수업에서 느낀 점은 무엇인가요?			

 **활동1** 자기주장적 의사소통스킬 알아보기

이렇게 하면 자기주장적 의사소통을 잘 할 수 있어요

언어적 요소	예시
1. 솔직하게 자신의 기분을 전달한다.	"미안, 그건 싫어" "나 그런 거 잘 못해, 그만둘래."
2. 이유를 확실하게 이야기한다.	"그런 것은 몸에 좋지 않아서 안하려고 하고 있어."
3. 화제를 바꾸고 대안을 제시한다.	"그것보다 학교에서 같이 공부하자."
4. 관련법이나 다른 사람의 힘을 빌린다.	"안 돼. 그건 법으로 금지된 거야." "엄마가 싫어해서 안 될 것 같아."
5. 상대방을 이해하거나 걱정한다.	"네 마음은 이해하지만 안하는 것이 좋을 것 같아."
6. 경우에 따라서는....	자신의 힘으로 해결할 수 없을 경우 그 상황을 피하는 것도 하나의 방법이다.

비언어적 요소	예시
1. 목소리의 크기나 톤	자신감을 가지고 명확하게 이야기 한다.
2. 시선	상대방을 쳐다보면서 이야기 한다.
3. 표정이나 몸짓	전하려는 말을 강하고 명확한 표정이나 몸짓으로 표현한다.
4. 적절한 거리	상대방과의 적절한 거리를 유지하면서 이야기 한다.

활동2 자기주장적 의사소통스킬을 활용하여 대본 작성하기

자기주장적 의사소통스킬을 사용하여 대본을 작성하여 봅시다.

> **대본 상황**
>
> A와 저는 어릴 때부터 친하게 지내는 친구입니다. A가 어느 날 집에 가는 길에 조용한 뒷골목으로 돌아가자고 했습니다. 가던 중 주위를 살피더니 아무도 없는 것을 확인하고는 집에서 아빠 몰래 하나 가져왔다고 하면서 저에게 같이 담배를 피워보자고 합니다.

A 이거 내가 집에서 가져왔어, 같이 피워 보자.

나 _____

_____

_____

A 에이…. 한번 잠깐만 피우면 아무도 모를 텐데.

나 _____

_____

_____

A 야…나도 너니까 한번 말한 건데… 진짜 이러기야?

나 _____

_____

_____

활동3 역할극 평가지

1. 순서

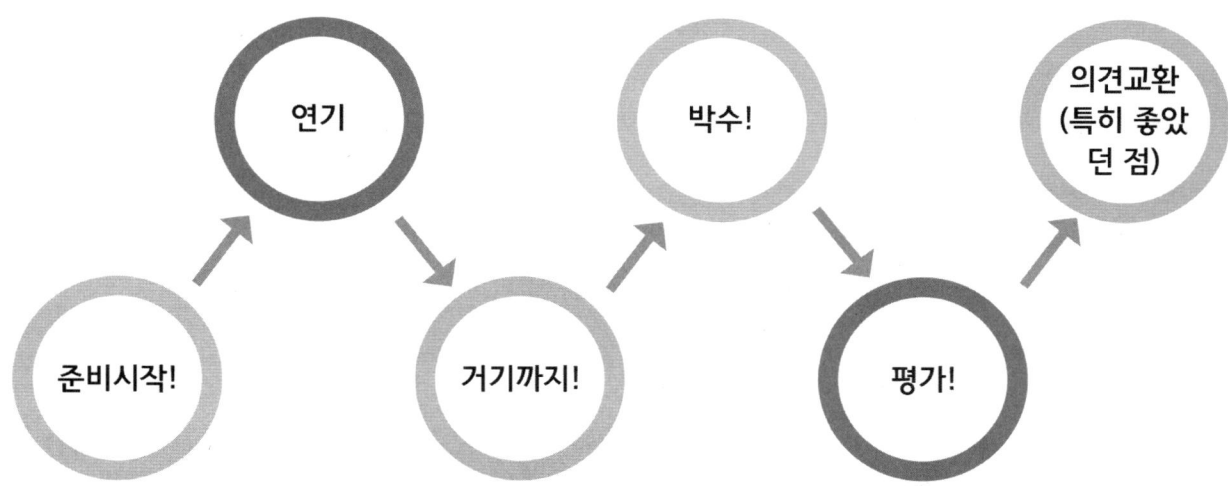

2. 평가 내용

평가 기준	● 아주 좋았다.	○ 좋았다.	▲ 조금만 수정하면 더 좋아질 것이다.

평가항목	거절 역할자 이름				
	1	2	3	4	5
1. 대사내용					
2. 목소리 크기나 톤					
3. 표정이나 몸짓					
4. 그 외의 좋았던 점					

13차시 참고자료

역할극을 실시하기 전에

1. 목적
- 설정된 상황에서 새로운 행동 방법을 배운다.
- 친구의 연기를 보고 여러 가지 방법이 있는 것을 확인한다.

2. 순서

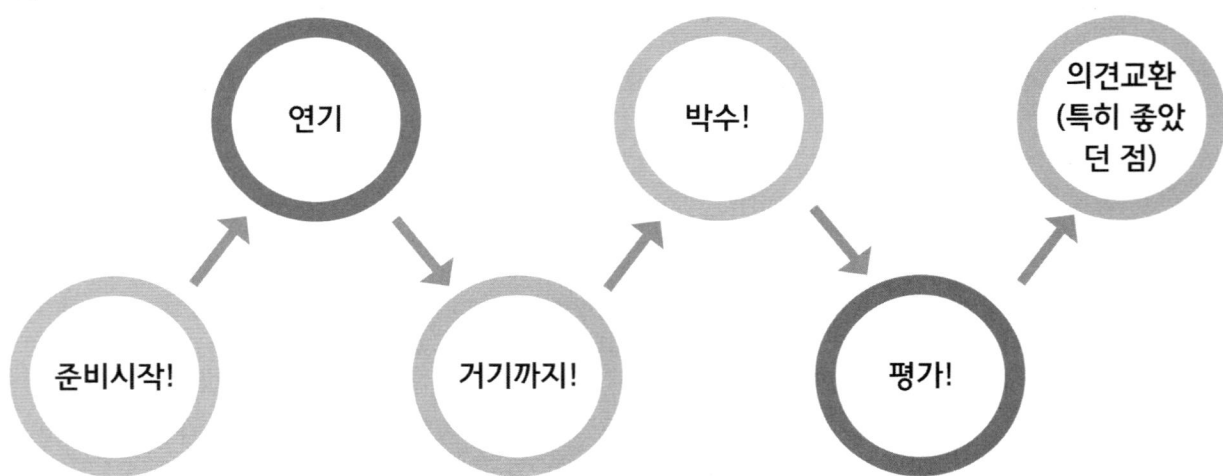

3. 유의사항

- **전원참가**
  유혹하는 역할, 거절하는 역할, 관찰자, 시작과 끝 신호 역할 등 모두가 역할을 맡아 참여한다.

- **연기자는 명찰을 달고**
  연기는 어디까지나 연기, 역할을 분명하게 한다.

- **의자에서 일어나서**
  의자에서 앉아서는 손짓이나 발짓 등의 몸짓을 사용할 수 없다. 일어나서 상대방과 적절한 거리를 두고 연기한다.

- **유혹하는 역은 단순하게**
  주역은 어디까지나 거절하는 역할. 집요하게 유혹하지 않고 대본에 나와있는 대사를 그대로 읽는다.

- **평가**
  잘못된 점은 가급적이면 배제하고 좋았던 점을 중심으로 평가한다.

13차시 참고자료 ※ 필요한 수만큼 복사하여 사용하세요.

역할극 명찰

거 절 자

유 혹 자

시작 - 끝 신호자

관찰자

관찰자

5단원

더 건강한 삶 살기

14 건강한 체중관리
15 질병 예방
16 심폐소생술(CPR)

PART 14 건강한 체중관리

자신의 몸을 소중히 생각하고 건강한 체중관리를 위한 방법을 학습한다.

1. 수업의 개관

우리나라 아동·청소년의 비만율은 2008년 11.2%, 2012년 14.7%, 2016년 16.5%로 꾸준히 늘고 있으며, 2016년 기준으로 아동·청소년 중 110만 명이 비만에 해당하는 것으로 추정된다. 아동·청소년기의 비만은 결국 다양한 만성질환의 원인이 되는 성인기 비만으로 이어질 수 있기 때문에 이 시기의 비만관리는 평생의 건강을 좌우하게 된다. 이 수업을 통해 성장기 청소년들은 자신의 몸에 대한 관심과 책임의식을 높이고, 건강한 체중관리를 위한 운동습관과 식습관을 기를 수 있다.

2. 수업의 학습목표

① 건강한 체중과 체중관리의 필요성에 대해 설명할 수 있다.
② 건강한 체중관리를 위해 필요한 운동습관과 식습관 목표를 세울 수 있다.

3. 활동 내용 및 준비물

- 워크북: 활동 1 '신체질량지수(BMI) 계산하기'
- 워크북: 활동 2 '어제 한 운동·먹은 음식 기록하기'
- 워크북: 활동 3 '일주일 운동·식습관 목표 세우기'

4. 주요 라이프스킬 개념

- 자아존중감
- 비판적 사고
- 목표설정스킬

성장기 청소년이 자신의 몸에 나타나는 변화에 대해 긍정적인 관심을 갖고, 변화하는 몸에 대해 책임의식을 갖도록 함으로써 자아존중감을 높일 수 있다. 또한 자신의 현재 운동습관과 식습관에 대해 되돌아보고, 건강하고 규칙적인 생활습관을 기를 수 있도록 계획표를 세워 한 달간 실천해 보는 시간을 가짐으로써 목표를 설정하고 이를 실행해 나가는 연습을 할 수 있다.

5. 교수-학습과정

수업명	14. 건강한 체중관리		활동시간	40 분
학습주제	자신의 몸을 소중히 생각하고 건강한 체중관리 하기			
학습목표	① 건강한 체중과 체중관리의 필요성에 대해 설명할 수 있다. ② 건강한 체중관리를 위해 필요한 운동습관과 식습관 목표를 세울 수 있다.			
수업전략	주 활동:	활동 1. 신체질량지수(BMI) 계산하기 [개별활동] 활동 2. 어제 한 운동·먹은 음식 기록하기 [개별활동]		
	선택 활동:	활동 3. 일주일 운동·식습관 목표 세우기 [개별활동]		
	• 자신의 BMI 지수를 계산해 보고 건강한 체중의 의미와 체중관리의 필요성에 대해 생각해 본다. • 건강한 체중관리를 위해 필요한 운동습관과 식습관이 무엇인지 알아보고, 스스로 지킬 수 있는 범위에서 한 달간 실천할 계획표를 수립한다.			
교수·학습 활동 및 자료	활동지	워크북: 활동 1 '신체질량지수(BMI) 계산하기' 워크북: 활동 2 '어제 한 운동·먹은 음식 기록하기' 워크북: 활동 3 '일주일 운동·식습관 목표 세우기'	라이프스킬 주 개념	자아존중감 비판적 사고 목표설정스킬

학습 단계 (시간)	주요 학습 활동	교수·학습활동		자료 및 유의점
		교사	학생	
도입 (6분)	모둠 편성	**모둠 구성 활동** • 수업 시작 전 5~6인의 모둠을 편성한다.	**모둠 만들기** • 5~6인으로 모둠을 만들고 자리에 앉는다.	
	동기 유발	**함께 생각해 보기: 패스트푸드와 비만** • 몸에 좋지 않은 정크 푸드를 많이 먹으면 우리 몸에 어떤 영향을 주는지 학생들이 경각심을 가질 수 있도록 질문을 하고, 학습주제인 건강한 식습관에 대해 생각해 볼 시간을 갖도록 한다. 일주일에 햄버거와 감자튀김, 콜라 같은 패스트푸드를 몇 번이나 먹나요? 이런 패스트푸드를 많이 먹으면 우리 몸에 어떤 영향을 미칠까요? 다음 뉴스를 함께 보면서 다함께 생각해 봅시다. 패스트푸드를 많이 먹으면 살이 쉽게 찌고 건강에 나쁜 영향을 줄 뿐 아니라, 철분 부족으로 우리 뇌에도 영향을 주어 성적이 떨어질 수도 있어요. 식습관은 이렇게 우리 몸 뿐 아니라 우리 생활에도 많은 영향을 미칩니다. 이번 시간에는 성장기인 청소년들이 건강한 몸을 만들기 위해서 무엇을 해야 하는지 알아보도록 합시다.	**함께 생각해 보기: 패스트푸드와 비만** • 선생님의 질문에 답한다. • 건강한 식습관이 우리 생활에 왜 중요한지 생각해 본다.	강의참고자료 (PPT)
	학습 목표 확인	**학습목표 제시** • 건강한 체중 관리를 위해 내 스스로 어떤 노력을 해야 하는지에 관한 학습목표를 설명한다. 우리는 보통 체중에 대해서 이야기 할 때 TV에 나오는 연예인들처럼 마른 몸을 건강한 몸이라고 생각하기 쉽습니다. 그러나 사람마다 키가 다르듯이 자신에 맞는 적절한 몸무게가 있고, 또 그에 맞는 근육도 필요합니다. 건강한 몸무게란 무엇인지 함께 생각해 보고, 이러한 건강한 체중을 만들기 위해 내가 평소 어떤 노력과 관심을 기울여야 하는지 이번 수업시간을 통해 알아보겠습니다. ① 건강한 체중과 체중관리의 필요성에 대해 설명할 수	**학습목표 확인하기** • 학습내용을 확인한다.	

학습 단계 (시간)	주요 학습 활동	교수·학습활동 교사	교수·학습활동 학생	자료 및 유의점
		있다. ② 건강한 체중관리를 위해 필요한 운동습관과 식습관 목표를 세울 수 있다.		
전개 (29분)	학습 활동 안내	**학습활동 안내** **활동 1. 신체질량지수(BMI) 계산하기** **활동 2. 어제 한 운동·먹은 음식 기록하기** **활동 3. 일주일 운동·식습관 목표 세우기**	학습활동 인지	
	개별 활동	**활동 1. 신체질량지수(BMI) 계산하기** • 강의참고자료(PPT)를 바탕으로 건강한 체중의 중요성과 BMI 지수의 의미에 대해 설명한다. • 학생들이 워크북: 활동 1 '신체질량지수(BMI) 계산하기'를 펴고 자신의 몸무게와 키를 적고 BMI 를 계산하도록 지도한다. ※ 학생들이 계산을 어려워하거나 시간이 많이 걸릴 경우, 대략적인 키와 몸무게를 이용하여 계산된 결과표에서 BMI 지수를 찾아서 확인하도록 안내한다. 신체질량지수 BMI(body mass index)는 신장과 체중의 비율을 사용한 체중의 객관적인 지수로 일반적인 사람의 체지방량과 상관관계가 크다고 증명된 수치입니다. 정말 뚱뚱하지도 않은데 살이 쪘다고 스트레스를 받게 되면 제대로 영향 섭취를 하지 못하게 되어 성장에도 문제가 될 수 있습니다. 겉으로 보기에 마르거나 예뻐 보이는 것이 아닌 내 키에 맞는 건강한 몸을 유지하려면 어떤 노력이 필요한지 이번 수업을 통해 알아보겠습니다. 먼저 자신의 BMI 지수를 계산해 보면서 내 몸의 상태에 대해 알아보는 시간을 갖도록 하겠습니다. • BMI 지수가 나타내는 의미를 다시 한 번 확인하고 학생 개개인이 자신의 체중 상태를 인식하고 체중관리의 필요성에 대해 생각해 볼 시간을 갖도록 한다.	**활동 1. 신체질량지수(BMI) 계산하기** • BMI 지수와 건강한 체중에 대한 설명을 듣는다. • 워크북: 활동 1을 펴고 자신의 키와 몸무게를 통하여 BMI 지수를 계산한다.	강의참고자료 (PPT) 워크북 ※학생들이 본인의 나이에 맞는 진단 기준을 스스로 찾아 볼 수 있도록 하고, 혹시 정상 범위 밖의 학생이 받을 수 있는 정서적 충격을 완화하도록 주의한다.

학습 단계 (시간)	주요 학습 활동	교수·학습활동		자료 및 유의점
		교사	학생	
	개별 활동	※ 20세 미만의 성장기 어린이와 청소년은 '**소아·청소년 표준 성장 도표**'를 바탕으로 정상과 비만 범주를 판단한다. 신체 질량 지수 백분위가 **95 이상**일 경우 비만으로 본다. **활동 2. 어제 한 운동·먹은 음식 기록하기** • 워크북: 활동 2 '어제 한 운동·먹은 음식 기록하기'에 일상생활에서의 식습관을 점검하고 건강한 음식과 몸에 나쁜 영향을 주는 음식을 각각 얼마나 섭취하고 있는지 확인하도록 한다. 바른 식습관과 균형 잡힌 영양 섭취는 우리를 건강하게 해 주는 중요한 요소입니다. 영양소는 우리 몸의 세포를 만드는 일, 생명을 유지하고 활동 할 수 있게 하는 에너지를 공급하는 일, 몸에 필요한 물질을 만들거나 기능을 조절하는 일을 합니다. 이러한 영양소를 탄수화물, 단백질, 지방, 비타민, 무기질, 물이라고 합니다. 이러한 영양소를 골고루 섭취하는 것은 그만큼 우리 몸을 건강하게 하는 중요한 일이지만, 바빠진 현대 사회에서는 편리하고 빨리 먹을 수 있는 패스트푸드를 많이 먹게 되어 높은 칼로리를 섭취하는 반면, 충분한 영양소를 얻지 못하게 되었습니다. 어제 하루를 돌아보면서 얼마나 운동하고 무엇을 먹었는지 되돌아보고 내가 평소에 얼마나 건강한 생활을 하고 있는지 확인해 봅시다.	**활동 2. 어제 한 운동·먹은 음식 기록하기** • 강의참고자료를 보면서 설명을 잘 듣는다. • 워크북: 활동 2에 하루 동안 내 운동량과 먹은 음식을 적고, 그 중 몸에 좋은 건강한 음식은 무엇이었는지 표시한다. • 건강한 체중관리를 하기 위해 내가 부족한 부분이 무엇인지 수업 내용을 바탕으로 생각해 본다.	강의참고자료 (PPT) 워크북
	개별 활동	**활동 3. 일주일 운동·식습관 목표 세우기** • 워크북: 활동 3 '일주일 운동·식습관 목표 세우기'에 학생 스스로 일일 운동기록표와 건강한 식습관 기르기 목표를 세울 수 있도록 안내한다. • 목표는 구체적이고 실행 가능한 것으로 할 것을 강조한다. (예시, 하루에 줄넘기 30분 또는 매일 하루 중 한 끼는 시금치나 당근 등 채소가 들어간 음식 먹기, 콜라나 사이다 등 탄산음료 먹지 않기 등)	**활동 3. 일주일 운동·식습관 목표 세우기** • 워크북: 활동 3을 펴고 내가 스스로 지킬 수 있는 수준의 운동 목표와 식습관 목표를 작성한다.	워크북 매일 목표달성 시 붙일 스티커 *※활동 3은 수업 시간을 고려하여 교사 재량에 따라 선택하여 할 수 있다.*

학습 단계 (시간)	주요 학습 활동	교수·학습활동		자료 및 유의점
		교사	학생	
		워크북: 활동 3을 펴세요. 앞서 수업에서 들은 것처럼 건강한 삶을 살기 위해서는 적절한 운동과 균형 잡힌 식습관이 필요합니다. 앞에 한 활동2의 작성 내용을 다시 한 번 보고, 평소의 내 운동량과 먹는 음식을 고려해서 앞으로 더욱 건강한 몸이 될 수 있도록 일주일 간 꾸준히 지킬 운동 목표와 식습관 목표를 세워봅시다.		※일주일 간 학생이 계획대로 잘 수행하고 있는지 자주 확인하고, 일주일 후 학생의 수행 기록표를 확인한다.
		• 매일 지킬 수 있는 각자의 목표를 적었으면, 앞으로 일주일 간 스스로 매일매일 목표를 지키기 위해 잘 수행했는지 확인하고, 잘 지켰으면 기록표에 스티커를 붙이도록 안내한다.	• 매일 스스로 세운 운동 목표와 식습관 목표를 지켰는지 확인하고 잘 지켰으면 확인 스티커를 활동기록표에 붙인다.	
		자 이제 각자의 목표를 잘 적었으면, 앞으로 일주일 간 이 목표를 잘 지켜야 합니다. 매일매일 잘 실천했나 스스로 돌아보고, 잘 지켰으면 수행 기록표에 확인스티커를 붙여줍니다. 일주일 후 얼마나 잘 지켰는지 확인해 보도록 하겠습니다.		
		• 일주일 후, 학생들의 기록표를 확인하고 잘 지킨 학생에게는 친구들 앞에서 어떻게 잘 지킬 수 있었고, 이를 통해 일주일 간 어떤 변화가 있었는지 발표할 기회를 주고 칭찬해 준다.		
	발표	• 모둠별로 몇몇 학생들이 세운 목표가 무엇인지 발표하게 한다.	• 다른 학생의 발표 내용 중 좋은 내용이 있다면 잘 적어두고 내 목표에도 적용한다.	
		모둠마다 대표로 한두 명씩 자신이 세운 운동 목표와 식습관 목표를 친구들에게 소개해 보도록 하겠습니다.		
정리 (5분)	학습 정리 및 차시 예고	**학습 내용 정리 및 평가** • 오늘의 수업 활동을 통해 느낀 점을 몇몇 학생들에게 발표하도록 한다.	**학습 내용 정리 및 평가** • 선생님의 설명을 잘 듣는다.	강의참고자료 (ppt)

학습 단계 (시간)	주요 학습 활동	교수·학습활동		자료 및 유의점
		교사	학생	
		오늘 수업을 통해 느낀 점을 이야기해 봅시다. 우리의 일상생활을 돌아보면 우리는 쉽게 패스트푸드와 인스턴트 식품을 접할 수 있습니다. 이러한 식품을 많이 먹으면 우리에게 밀가루, 설탕, 소금, 화학조미료 등의 섭취를 늘리게 하고 이는 비만 등 건강에 안 좋은 영향을 줍니다. 또 잘 먹는 만큼 움직여야 몸이 튼튼해지고 잘 성장할 수 있는데 우리는 많은 시간을 책상 앞에 앉아있거나 TV, 컴퓨터 등을 하면서 잘 움직이지 않습니다. 친구들과 놀이터에서 간단히 뛰어 놀거나 농구, 축구 등을 하고 줄넘기 등을 하는 것처럼 가벼운 운동을 하면서 땀을 내는 것이 좋습니다.		
		• 워크북: 정리 '스스로 평가해 보기'를 작성하면서 수업 내용을 정리하는 시간을 갖는다.	• 워크북: 정리 '스스로 평가해 보기'를 작성하면서 오늘 수업 내용을 되돌아보고 학습한 내용을 정리한다.	워크북
		• 다음 시간에는 '질병 예방'과 관련된 내용에 대해 학습할 것임을 예고한다.		

6. 가정 및 지역사회와 연계한 활동

- 가정에 수업 활동과 관련한 학급통신문을 전달하고, 학생이 수업 중 작성한 운동기록표 및 식습관 기르기 활동지를 바탕으로 일주일 간 꾸준히 건강한 생활습관을 기를 수 있도록 가정에서의 관심과 지도를 요청한다.
- 각급 교육청 혹은 보건소에서 운영하는 '어린이 건강교실' 등의 프로그램과 연계하여 꾸준히 운동하고 올바른 식습관을 기를 수 있도록 교육 프로그램을 구성하여 운영한다.

7. 평가계획

평가	질문내용	응답		
자기평가	내 BMI 지수를 계산하여 내 체중관리 상태가 어떤지 말할 수 있나요?	우수	보통	노력
	건강한 체중관리를 위하여 내게 필요한 운동과 운동량 목표를 세울 수 있나요?	우수	보통	노력
	건강한 체중관리를 위한 좋은 식습관이 무엇인지 설명할 수 있나요?	우수	보통	노력
상호평가	오늘 수업에 적극적으로 참여했나요?	우수	보통	노력
	우리 모둠원들은 수업 중 활동에 활발히 참여했나요?	우수	보통	노력
	오늘 수업에서 가장 기억에 남는 점 한 가지를 적어봅시다.			
종합평가	잘한 점		보완할 점	
수업소감	오늘 수업에서 느낀 점은 무엇인가요?			

활동1 신체질량지수(BMI) 계산하기

신체질량지수 BMI(Body Mass Index)는 신장과 체중의 비율을 사용한 체중의 객관적인 지수로 일반적인 사람의 체지방량과 관계가 많습니다.

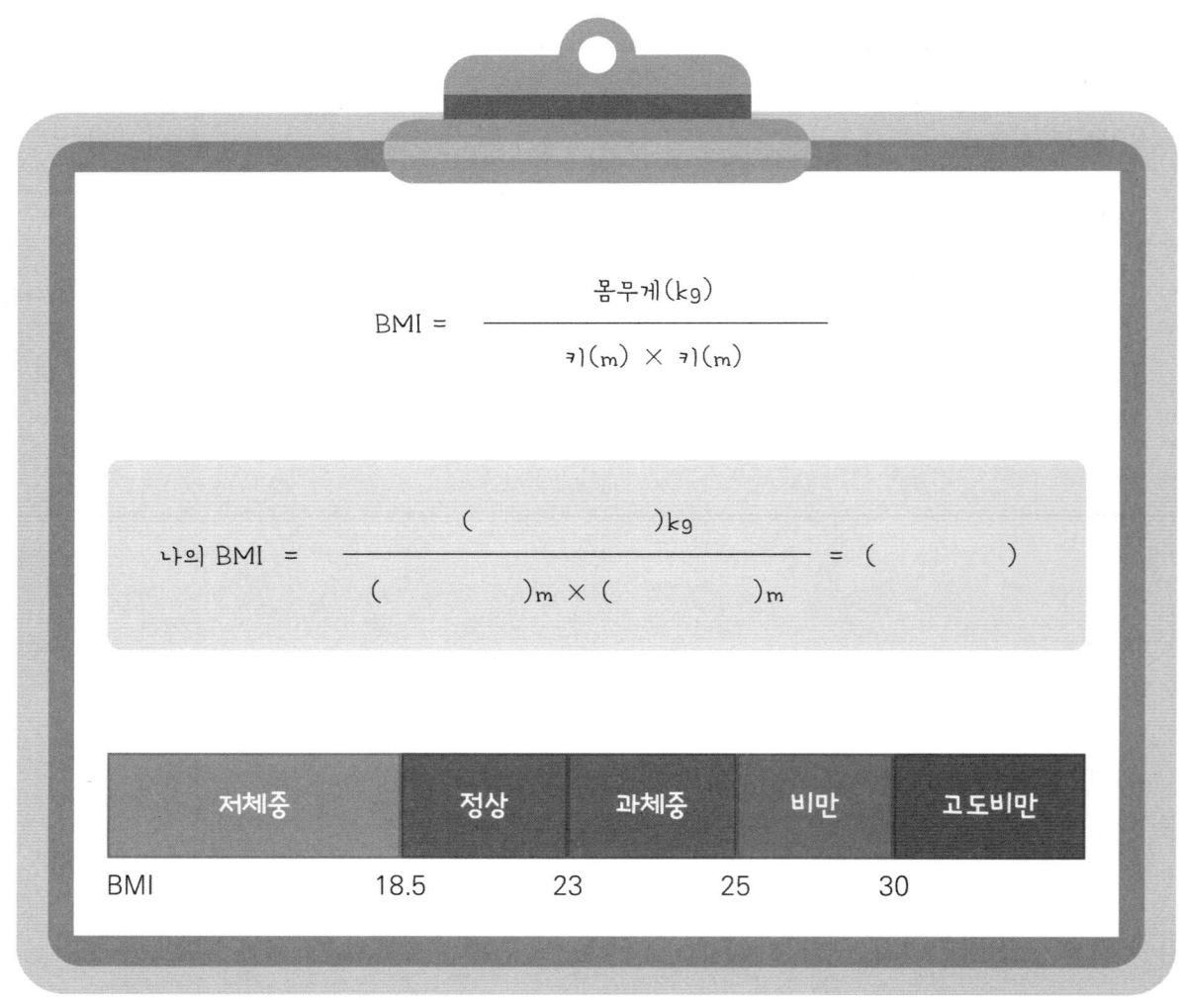

내 몸에 맞는 건강한 체중은?

$$BMI = \frac{몸무게(kg)}{키(m) \times 키(m)}$$

$$나의\ BMI = \frac{(\qquad)kg}{(\qquad)m \times (\qquad)m} = (\qquad)$$

저체중	정상	과체중	비만	고도비만

BMI   18.5   23   25   30

 **활동1** 신체질량지수(BMI) 계산하기

1. 표에서 내 키와 몸무게가 만나는 곳을 찾아요.
2. 표에서 찾은 숫자가 내 BMI 지수 입니다.

내 몸에 맞는 건강한 체중은?

키 cm

몸무게 kg	142	145	147	150	152	155	157	160	163	165	168	170	173	175	178	180	183	185
95	47	45	44	42	41	40	38	37	36	35	34	33	32	31	30	29	28	27
93	46	44	43	41	40	39	37	36	35	34	33	32	31	30	29	29	28	27
91	45	43	42	43	39	38	37	35	34	33	32	31	30	30	29	28	27	26
89	44	42	41	39	38	37	36	35	33	32	31	31	30	29	28	27	26	26
86	43	41	40	38	37	36	35	34	33	32	31	30	29	28	27	26	26	25
84	41	40	39	37	36	35	34	33	32	31	30	29	28	27	27	26	25	24
82	40	39	38	36	35	34	33	32	31	30	29	28	27	27	26	25	24	24
79	39	38	35	34	33	32	31	30	29	28	27	27	27	26	25	24	24	23
77	38	37	36	34	33	32	31	30	29	28	27	27	26	25	24	24	23	22
75	37	36	34	33	32	31	30	29	28	27	27	26	25	24	24	23	22	22
73	36	35	33	32	31	30	29	28	27	27	26	25	24	24	23	22	22	21
70	35	34	32	31	30	29	28	27	27	26	25	24	24	23	22	22	21	20
68	34	32	31	30	29	28	27	27	26	25	24	23	23	22	22	21	20	20
66	33	31	30	29	28	27	27	26	25	24	23	23	22	21	21	20	20	19
64	31	30	29	28	27	26	26	25	24	23	23	22	21	21	20	20	19	18
61	30	29	28	27	26	26	25	24	23	22	22	21	21	20	19	19	18	18
59	29	28	27	26	25	25	24	23	22	22	21	20	20	19	19	18	18	17
57	28	27	26	25	24	24	23	22	21	21	20	20	19	18	18	17	17	16
55	27	26	25	24	23	23	22	21	21	20	19	19	18	18	17	17	16	16
52	26	25	24	23	22	22	21	20	20	19	19	18	17	17	16	16	16	15
50	25	24	23	22	21	21	20	19	19	18	18	17	17	16	16	15	15	15
48	24	23	22	21	21	20	19	19	18	17	17	16	16	16	15	15	14	14
45	22	22	21	20	20	19	18	18	17	17	16	16	15	15	14	14	14	13
43	21	21	20	19	19	18	17	17	16	16	15	15	14	14	14	13	13	13
41	20	19	19	18	18	17	16	16	15	15	15	14	14	13	13	13	12	12
39	19	18	18	17	17	16	16	15	15	14	14	13	13	13	12	12	12	11
36	18	17	17	16	16	15	15	14	14	13	13	13	12	12	11	11	11	11

활동1 신체질량지수(BMI) 계산하기

계산한 나의 신체질량지수 BMI(bodt mass index)를 바탕으로 내 나이 성장 곡선 분포 중 나는 어디에 해당하는지 찾아봅시다.

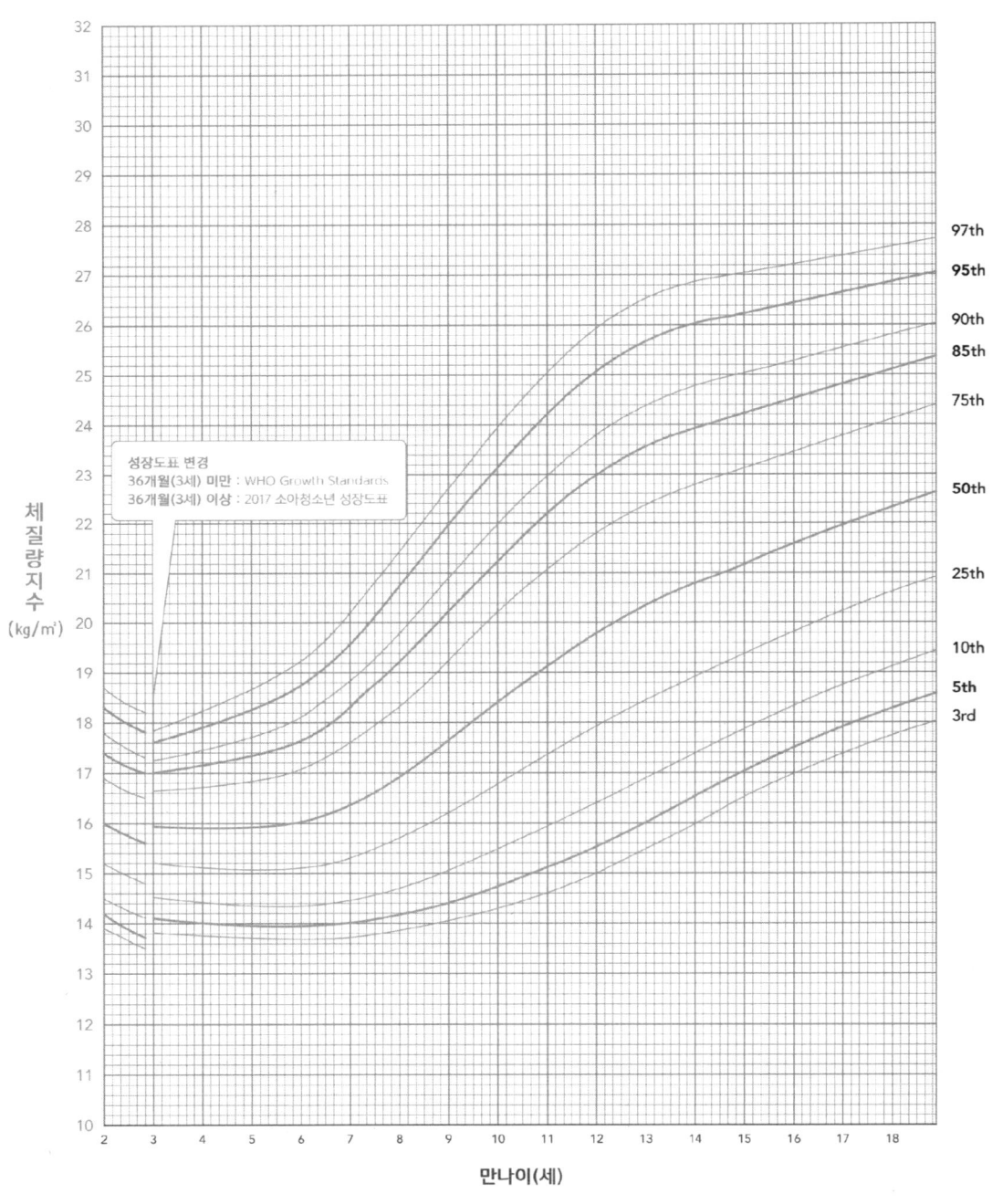

출처: 보건복지부, 질병관리본부. 2017 소아·청소년 표준 성장 도표

활동1 신체질량지수(BMI) 계산하기

계산한 나의 신체질량지수 BMI(bodt mass index)를 바탕으로 내 나이 성장 곡선 분포 중 나는 어디에 해당하는지 찾아봅시다.

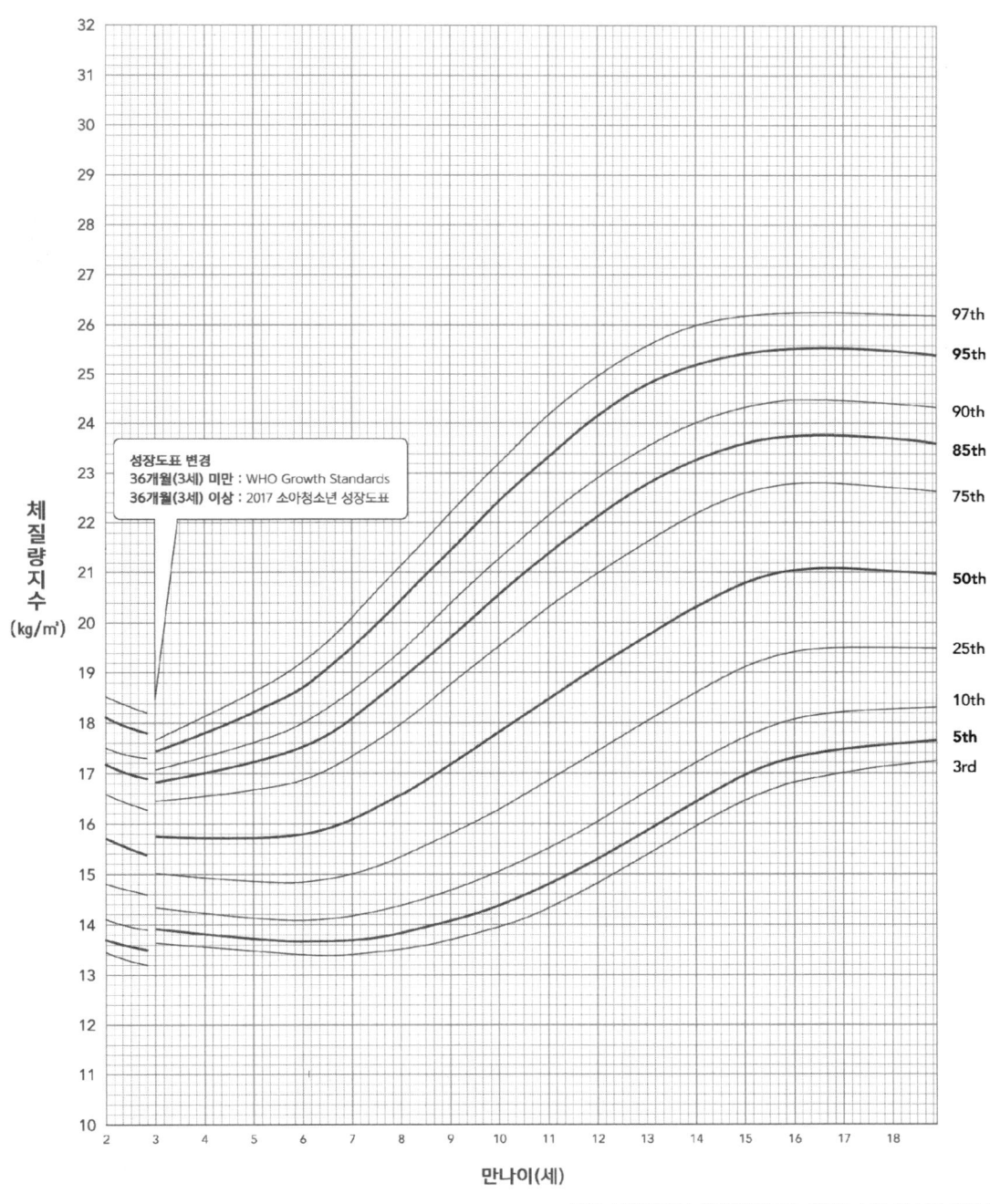

출처: 보건복지부, 질병관리본부. 2017 소아·청소년 표준 성장 도표

활동2 어제 한 운동·먹은 음식 기록하기

나의 하루는?

내가 어제 한 운동은?

(   ) - (   ) 분

(   ) - (   ) 분

(   ) - (   ) 분

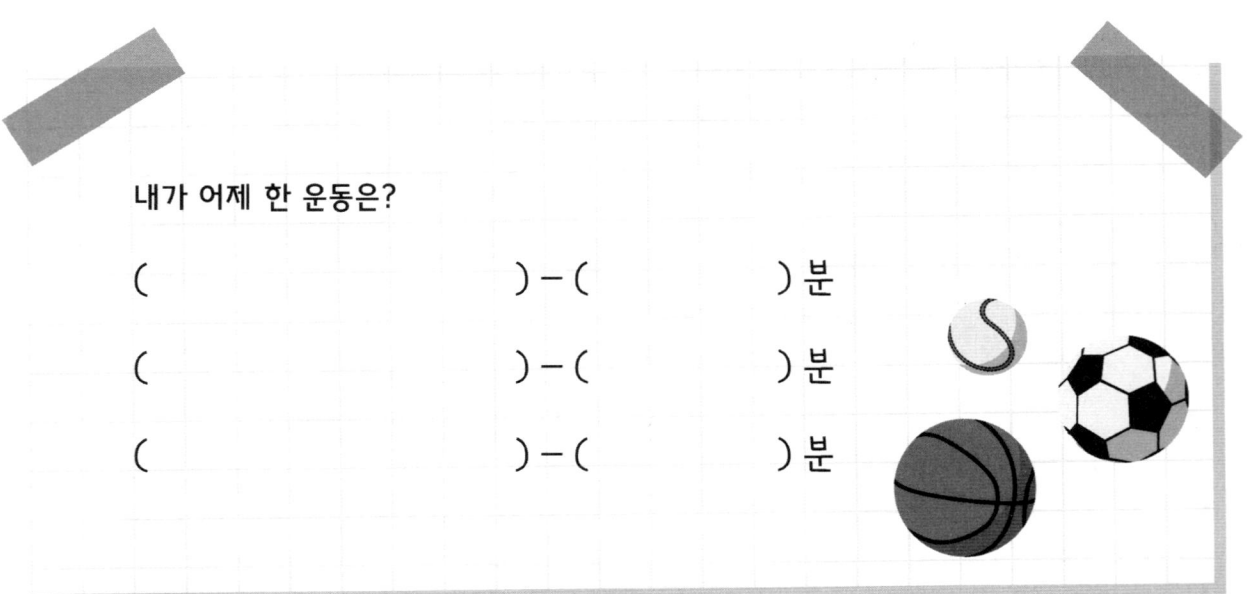

내가 어제 먹은 음식은?

아침	점심	저녁	간식

이 중에서 몸에 좋은 건강한 음식은 무엇인지 동그라미 표시해 보세요.

활동3 일주일 운동·식습관 목표 세우기

건강한 몸 만들기

나의 운동 목표 나는 매일 _____ 를 할 것이다!

운동 목표 확인표

- 1일
- 2일
- 3일
- 4일
- 5일
- 6일
- 7일

식습관 목표 확인표

- 1일
- 2일
- 3일
- 4일
- 5일
- 6일
- 7일

나의 식습관 목표 나는 매일 _____ 를 할 것이다!

14차시 참고자료

건강한 몸 만들기 확인 스티커

운동 체크용

식습관 체크용

PART 15 질병 예방

질병을 예방하는 방법과 질병에 걸렸을 때 어떤 행동을 해야 하는지 학습한다.

1. 수업의 개관

청소년기는 신체의 성장에 따라 외형의 변화에 많은 관심을 기울이는 시기이다. 그러나 정작 신체 기관들의 변화나 이상 징후에 대해서는 소홀히 여기는 경우가 많다. 때로는 외모를 가꾸기 위해 건강을 해치기도 한다. 신체적 건강은 올바른 성장과 발달의 근간이 될 뿐 아니라 건강한 자아개념 형성에도 많은 영향을 미친다. 이 수업에서는 청소년기 학생들이 신체에 나타나는 질병의 증상을 학습하여 자신의 몸에 나타나는 이상 징후에 민감하게 대응할 수 있게 됨으로써 질병에 잘 대처하고 더 나아가 질병을 예방하는 방법을 학습한다.

2. 수업의 학습목표

① 쉽게 걸리는 질병의 증상과 원인을 말할 수 있다.
② 질병 예방법과 대응 행동을 말할 수 있다.

3. 활동 내용 및 준비물

- 워크북: 활동 1 '청소년이 쉽게 걸리는 질병 알아보기'
- 워크북: 활동 2 '신체 기관별 질병 알아보기'
- 워크북: 활동 3 '질병 상황별 문제 해결하기'
- 직소퍼즐, 뽑기용 봉투
- 전지(또는 2절지)
- 매직(사인펜)

4. 주요 라이프스킬 개념

- 자기관리스킬
- 자아존중감
- 비판적 사고

청소년이 자신의 몸에 나타나는 이상 징후에 대해 민감하게 인식하고 건강하게 자신의 신체를 관리하는 능력을 학습하도록 한다. 올바른 자아개념 형성은 자신에 대한 내적, 외적인 관심과 노력을 통해 성취될 수 있으므로 성장기 청소년들이 외모에 대한 관심뿐 아니라 내적인 신체의 건강에 대해 관심을 가지고 일상생활 속에서 건강한 삶을 살기 위해 스스로 관리할 수 있는 역량을 기른다.

5. 교수-학습과정

수업명	15. 질병 예방		활동시간	40분
학습주제	질병을 예방하는 방법과 질병에 대처하는 대응 방법 알기			
학습목표	① 쉽게 걸리는 질병의 증상과 원인을 말할 수 있다. ② 질병 예방법과 대응 행동을 말할 수 있다.			
수업전략	주 활동:	활동 1. 청소년이 쉽게 걸리는 질병 알아보기 [개별활동] 활동 2. 신체 기관별 질병 알아보기 [개별활동] 활동 3. 질병 상황별 문제 해결하기 [모둠활동]		
	• 모둠구성 게임인 직소퍼즐을 통해 신체에 나타나는 질병의 징후에 대해 인식함으로써 건강한 신체 관리의 중요성에 대해 생각해 본다. • 질병으로 인해 몸에 나타나는 증상과 원인, 예방법 등에 대해 학습하고, 우리 몸에 나타나는 증상을 기반으로 하는 상황문제에 대한 모둠 토의를 통해 실제생활에서 질병에 대처하는 대응 방법과 예방법 등에 대해 학습한다.			
교수·학습 활동 및 자료	활동지	워크북: 활동 1 '청소년이 쉽게 걸리는 질병 알아보기' 워크북: 활동 2 '신체 기관별 질병 알아보기' 워크북: 활동 3 '질병 상황별 문제 해결하기'	라이프스킬 주 개념	자기관리스킬 자아존중감 비판적 사고
	준비물	직소퍼즐, 뽑기용 봉투 전지(또는 2절지) 매직(사인펜)		

학습 단계 (시간)	주요 학습 활동	교수·학습활동		자료 및 유의점
		교사	학생	
도입 (8분)	모둠 편성	**모둠 구성 활동: 직소퍼즐 게임** • 직소퍼즐게임 방법을 설명하고 게임으로 모둠을 구성한다. 이 봉투 안에는 몇 장의 조각난 카드가 들어 있습니다. 지금부터 한사람씩 한 장의 카드를 뽑습니다. 모두 뽑았으면 같은 카드 조각을 가지고 있는 사람을 찾으세요. 하나의 문장이 완성되면 그 사람들끼리 한 모둠이 됩니다. 모둠의 구성원을 모두 찾았으면 책상을 붙여 모둠별로 앉으세요. 그리고 모둠 대표를 정하세요. 각 모둠에서 완성한 카드의 문장은 여러분이 오늘 수업시간에 해결할 미션의 제목입니다.	**모둠 만들기** • 봉투에서 카드를 꺼내 같은 카드를 가지고 있는 사람을 찾아 모둠을 만든다. • 모둠을 만들고 자리에 앉아 모둠 대표를 선정한다.	강의참고자료 (PPT) 직소퍼즐카드 뽑기용 봉투 ※각 모둠의 질병 상황별 주제 카드로 직소퍼즐을 준비한다. 직소퍼즐은 만들려는 모둠 수에 맞추어 미리 조각을 내어 봉투에 넣어 준비한다.
	동기 유발	**함께 생각해 보기:** **활동 1. 청소년이 쉽게 걸리는 질병 알아보기** • 강의참고자료(PPT)를 바탕으로 청소년(10~14 세)들이 쉽게 걸리는 질병이 무엇인지 질문하고, 1~3 위까지를 활동 1 '청소년이 쉽게 걸리는 질병 알아보기'에 작성하도록 한다. 강의 화면에 제시된 질병들은 청소년인 여러분들이 쉽게 걸려서 병원을 찾게 되는 질병 이름입니다. 여러분이 생각하는 가장 많이 걸리는 질병 1위부터 3위까지를 예상해서 워크북에 써 보세요. 네, 그래프에서 보는 것처럼 감기(급성 기관지염, 급성 상기도감염, 급성 인두염 등)가 가장 많이 걸리는 질병이고, 그 다음으로는 비염, 시력 관련 질병, 충치 등으로 나타났습니다. • 다양한 질병의 의미와 질병으로 인해 나타나는 우리 몸의 증상, 그리고 그 원인에 대해 설명한다. 질병이란, 수명을 단축시키고 정상적인 능력을 발휘할 수 없게 하는 신체와 정신 기능의 변화를 말합니다.	**함께 생각해 보기:** **활동 1. 청소년이 쉽게 걸리는 질병 알아보기** • 워크북: 활동 1 에 강의 PPT 에 제시된 질병 중 청소년이 쉽게 걸리는 질병을 예상하여 1~3 위까지 적는다. • 강의참고자료를 보면서 설명을 잘 듣는다. • 워크북: 활동 1 에 내가 아팠을 때 나타난 증상과 원인이 무엇이었는지 적는다.	강의참고자료 (PPT) 워크북

학습 단계 (시간)	주요 학습 활동	교수 · 학습활동		자료 및 유의점
		교사	학생	
	학습 목표 확인	• 활동 1 '청소년이 쉽게 걸리는 질병 알아보기'에 학생 개인의 경험을 토대로 질병의 증상과 원인에 대하여 생각해 보고 작성하도록 지도한다. **학습목표 제시** • 질병으로 인해 나타나는 증상이 무엇이고 이런 증상이 나타날 때의 대응 행동과 예방법에 관한 학습목표를 설명한다. ① 쉽게 걸리는 질병의 증상과 원인을 말할 수 있다. ② 질병 예방법과 대응 행동을 말할 수 있다.	**학습목표 확인하기** • 학습내용을 확인한다.	
전개 (25분)	학습 활동 안내	**학습활동 안내** **활동 2. 신체 기관별 질병 알아보기** **활동 3. 상황별 문제해결하기**	**학습활동 인지**	
	개념 이해	**활동 2. 신체 기관별 질병 알아보기** • 신체 기관별로 쉽게 걸리는 대표적인 질병의 종류와 증상, 질병을 예방할 수 있는 방법에 대해 설명한다. 대표적인 질병인 감기는 여러분이 모두 한 번씩은 걸려보았을 거예요. 감기에 걸리면 어떤 증상이 나타나나요? 또 감기가 낫게 하려면 어떻게 해야 하나요? 우리 신체 기관별로 쉽게 걸릴 수 있는 질병의 종류를 알아보고, 질병에 걸리는 원인이 무엇인지, 어떻게 치료를 해야 하는지, 또 질병을 예방하려면 어떻게 해야 하는지 함께 알아봅시다. ※ 강의참고자료(PPT)에 제시된 질병 종류: - 순환기계 질환(감기, 인/후두염, 알레르기성 비염) - 소화기계 질환(소화불량, 변비, 위염) - 근골격계 질환(성장통, 요통, 근육 경련) - 감각기계 질환(안구 건조증, 치아우식증, 여드름)	**활동 2. 신체 기관별 질병 알아보기** • 강의참고자료를 보면서 선생님의 설명을 잘 듣는다. • 워크북에 각 신체기관별 질병의 증상과 대처 방안을 간단히 정리하여 적는다.	강의참고자료 (PPT) 워크북

학습 단계 (시간)	주요 학습 활동	교수 · 학습활동		자료 및 유의점
		교사	학생	
	토의 및 발표	**활동 3. 질병 상황별 문제해결하기** • 각 모둠이 선택한 카드의 질병 상황 제목과 일치하는 질병 상황 설명이 담긴 시나리오를 해당 모둠에 나누어 준다. • 1~2분간 각자의 모둠에 주어진 상황을 읽어보는 시간을 준다. 여러분들이 읽고 있는 상황들은 우리가 흔히 경험하는 질병과 관련된 생활 속의 장면입니다. 1~2분간 모둠별로 주어진 상황을 읽고 문제를 생각해 봅시다. • 활동지(전지)와 매직을 나누어 주고 토의 내용을 작성하기 위한 표를 그리도록 한다. • 사례에 기반하여 문제해결 과정을 시행해야 함을 안내한다. 활동지의 윗부분에 담당 질병 상황의 제목을 적습니다. 그리고 게시된 형식대로 표를 그립니다. 표를 다 그리고 나면, 모둠원들끼리 의견을 나누면서 상황의 주인공이 겪고 있는 건강문제를 3항목에 맞춰 해결해 나갑니다. 각 모둠의 질병 상황에서 먼저 문제가 되는 증상은 무엇인지 사례를 읽으면서 줄을 그어봅시다. 다음으로 그러한 문제가 일어나게 된 원인은 무엇인지, 해결방법과 예방법에는 무엇이 있을지 다양한 의견을 나누고 활동지에 적어봅시다. 여러분들이 알고 있는 모든 지식과 앞서 수업에서 배운 내용, 가지고 있는 책 등을 참고해서 최선의 해결방안을 만들어내면 됩니다. • 활동 중 모둠을 순회하며 어려워하는 부분이 있으면 지도한다.	**활동 3. 질병 상황별 문제해결하기** • 모둠에 주어진 질병 상황을 읽는다. • 질병 상황에 따른 증상, 원인, 해결방법, 예방법에 대해 모둠원들과 토의하여 의견을 활동지에 적는다.	워크북 질병 상황별 시나리오 인쇄물 전지 (또는 2절지) 매직 (또는 사인펜)
	발표	• 모둠별 대표가 각 모둠에서 작성한 내용을 발표하도록 한다.	• 모둠별 대표는 자신이 모둠에서 작성한 내용을 정리하여 반 전체에 발표한다.	질병 상황별 시나리오 게시

학습 단계 (시간)	주요 학습 활동	교수·학습활동		자료 및 유의점
		교사	학생	
		각 모둠에서 작성한 내용을 발표하도록 하겠습니다. 각 모둠의 질병 상황을 먼저 반 친구들에게 읽어주고, 우리 모둠에서 준비한 해결방안에 대해 발표하는 방식으로 진행하겠습니다. 다른 모둠의 발표를 들으면서 궁금한 점이 있으면 질문을 해도 좋습니다.		
		• 모둠별로 주어진 질병 상황 시나리오를 게시하여 전체 학생이 모둠의 분석한 상황 시나리오를 볼 수 있도록 한다. • 한 모둠의 발표가 끝나면 잘못된 지식은 바로잡아 주고, 필요한 경우 부연 설명을 해 준다.		
정리 (7분)	학습 정리 및 차시 예고	**학습 내용 정리 및 평가** • 각 모둠의 발표를 마감하고 질병 예방을 비롯한 건강한 신체관리의 핵심내용을 학생들과 정리해 본다. 질병이 발생하면 나 혼자만 아픈 것이 아니라 주위의 가족이나 친구들에게도 세균을 전염시켜 공동체에도 영향을 미칠 수 있습니다. 질병을 예방하기 위해서는 내 몸의 상태에 항상 신경을 쓰고, 병의 원인이 될 수 있는 병인에 최대한 노출되지 않도록 노력하는 것이 좋습니다. 규칙적인 생활, 적절한 영양섭취, 심신의 안정, 신체의 청결, 손 씻기 등 생활 속의 작은 노력이 우리의 몸을 질병으로부터 지켜줄 수 있습니다. 마지막으로 오늘 모둠별 발표를 통해 배우게 된 질병 예방법 중에서 오늘부터 꼭 실천해야 할 건강관리법이 무엇인지 정리해 보도록 합시다.	**학습 내용 정리 및 평가** • 모둠 활동 내용을 바탕으로 우리 생활 속에서 실천해야 하는 질병예방법이 무엇인지 발표한다.	강의참고자료 (ppt) ※전체 학생들에게 질문하여 가장 중요하다고 생각되는 질병 예방법을 정리하여 칠판에 기록한다.
		• 손 씻기 등 일상생활에서 질병 예방을 위한 작은 생활 습관들의 실천이 왜 중요한지에 대해 인지할 수 있도록 질문을 한다. 우리는 자주 밥 먹기 전이나 밖에서 놀다 들어오고 나면 '손 깨끗이 씻고 와'라는 말을 듣곤 합니다. 어렸을 때부터 이런 말을 자주 들어왔는데 왜 그래야 할까요?	• 손 씻기 등 일상행활에서의 위생적 습관 실천이 왜 중요한지에 대해 생각해 본다.	강의참고자료 (PPT)

학습 단계 (시간)	주요 학습 활동	교수 · 학습활동		자료 및 유의점
		교사	학생	
		• 신체에 질병 증상이 나타나면 반드시 전문가의 조언 및 진료를 받아 심각한 질병으로 이어지지 않도록 안내한다. • 워크북: 정리 '스스로 평가해 보기'를 작성하면서 수업 내용을 정리하는 시간을 갖는다. • 다음 시간에는 '심폐소생술'과 관련된 내용에 대해 학습할 것임을 예고한다.	• 워크북 활동지 정리 '스스로 평가해 보기'를 작성하면서 오늘 수업 내용을 되돌아보고 학습한 내용을 정리한다.	워크북

6. 가정 및 지역사회와 연계한 활동

- 가정에 수업 활동과 관련한 학급통신문을 전달한다.
- 본 수업과 연계하여 질병 예방 및 건강관리를 위해 학생들이 활용할 수 있는 지역사회 기관 및 병원을 포함한 전문기관의 위치를 파악하여 방문해 보는 활동을 할 수 있다.

7. 평가계획

평가	질문내용	응답		
자기 평가	주어진 상황의 문제가 무엇인지 설명할 수 있나요?	우수	보통	노력
	문제가 된 행동과 원인을 설명할 수 있나요?	우수	보통	노력
	질병을 예방하는 방법을 말할 수 있나요?	우수	보통	노력
	오늘 수업에 적극적으로 참여했나요?	우수	보통	노력
상호 평가	우리 모둠원들은 문제해결에 대한 의견을 자유롭게 표현했나요?	우수	보통	노력
	모둠 중 상황에 따른 문제해결법을 가장 잘 정리하여 발표한 모둠은 어디인가요?			
	오늘 수업에서 새롭게 알게 된 점 한 가지를 적어봅시다.			
종합 평가	잘한 점	보완할 점		
수업 소감	오늘 수업에서 느낀 점은 무엇인가요?			

활동1 청소년이 쉽게 걸리는 질병 알아보기

청소년 질병 발생 순위 TOP 3

1. 청소년이 자주 걸리는 질병 1~3위는 무엇일까요?

- 1위
- 2위
- 3위

2. 요즘 아팠던 적이 있나요? 그 때 몸에 나타난 증상은 무엇이었나요?

질병이란, 수명을 단축시키고 정상적인 능력을 발휘할 수 없게 하는 신체와 정신 기능의 변화를 말한다.

15차시 참고자료 — 강의 보충자료

호흡기계 질환	감기	감기는 흔히 목감기, 기침감기, 코감기로 구분되는데 바이러스에 노출되고 1~3일 정도 지나면 증상이 나타난다. 콧물이 흐르거나, 코가 막히거나 목의 통증, 기침, 근육통, 발열 등의 증상이 나타난다. 감기는 대체로 자연적으로 치료가 된다. 감기에 걸렸다면 충분한 휴식과 따뜻한 물의 지속적인 섭취, 비타민의 섭취 등을 잘 해 주어야 한다. 그러나 증상이 심하거나 몸이 많이 힘들면 병원에 다서 약을 진단 받아 복용하는 것이 좋다.
	인/후두염	인후두염은 일종의 목감기이다. 목구멍 안쪽에 위치한 인두와 후두 쪽에 바이러스에 의해 염증이 나는 것이다. 증상으로는 목소리가 쉬는 듯하고 목이 아프다. 기침이 멈추지 않고 마른 기침을 자주한다. 치료를 위해서는 식도의 청결 유지가 중요하므로 자주 양치질을 하고 따뜻한 물을 천천히 마시는 것이 좋다. 찬 공기나 좋지 않은 공기를 마시는 것도 좋지 않으므로 마스크를 써서 예방한다.
	알레르기성 비염	알레르기를 일으키는 물질에 의해 코가 간지럽고, 재채기, 코 막힘, 콧물과 눈물이 나는 것으로 감긱와 증상이 매우 비슷하다. 알레르기의 원인은 꽃가루, 먼지 집먼지진드기, 곰팡이, 동물 털 등이 있고 사람에 따라 다양한 원인에 대해 다르게 반응한다. 원인을 안다면 원인이 되는 물질을 피하거나 바로 제거해 주어야 한다.
소화기계 질환	소화불량	음식을 섭취한 후 소화장애가 생기는 것이다. 불규칙하거나 급하게 먹는 습관, 흡연, 스트레스가 원인이다. 식후 통증, 더부룩한 불쾌감, 포만감, 트림 등의 증상이 나타난다. 생황습관이나 식습관을 조절하면 증상이 좋아지지만, 증상이 지속될 경우, 약물을 섭취하는 것도 도움이 된다.
	변비	섬유질이 적은 음식을 먹거나 수분이 부족하고, 운동이 부족할 경우 발생한다. 변이 딱딱하고 양이 적으며 배변이 힘들게 된다. 복부 팽만감, 하복부의 불편함, 통증, 항문 열상 등의 증상이 있다. 변비 예방을 위해서는 섬유질이 많은 채소나 과일을 섭취하고 규칙적인 배변 시도와 적절한 운동을 해야 한다.
	위염	불규칙한 식습관과 자극적인 음식, 스트레스, 음주, 약물 등이 원인이 되어 위점막이 손상되는 것이다. 속쓰림, 구토, 소화 불량 등의 증상이 나타나며 복부의 명치 부위에 통증과 불편한 느낌이 생긴다. 과식과 스트레스를 피하고 규칙적인 식사를 하는 것이 좋다. 위염 증상이 있으면 소화가 잘 되는 음식 위주로 먹고 야식이나 자극적인 음식은 피해야 한다.

15차시 참고자료   강의 보충자료

근골격계 질환	성장통	성장통은 뼈의 정장이 급격히 일어나는 것에 비해 근육이나 다른 조직의 성장 속도가 상대적으로 느려 일어나는 통증이다. 낮보다 밤에 성장 호르몬이 많이 분비되어 통증이 더 심하고, 주로 다리, 무릎, 발목에 통증이 온다. 특별한 치료를 하지 않아도 1~2년이 지나면 사라진다.
	요통	요통은 자세 이상, 척추 즈변 근육과 인대의 이상, 추간판 탈출증, 신장 질환 등으로 발생한다. 요통은 휴식을 취하고 물리적 치료와 약물치료로 쉽게 회복될 수 있다. 요통의 예방을 위해 규칙적인 운동, 적절한 체중 유지, 바른 자세 유지가 필요하다.
	근육경련	흔히, "쥐가 났다."라고 표현하는 것으로 갑작스런 근육의 수축으로 인한 심한 통증을 말한다. 근육의 피로, 비타민과 무기질 부족, 혈액순환 장애 등으로 생기며, 주로 대퇴와 종아리에 통증이 온다. 근육 경련이 올 때는 수축한 근육을 스트레칭하고 마사지로 풀어주며 휴식을 취한다.
감각기계 질환	안구 건조증	콘텍트렌즈, 미세먼지, 컴퓨터, 스마트폰의 장시간 사용 등이 원인으로 눈물의 생산이 부족해지고 빨리 말라버리거나 성분이 변하여 발생하는 눈의 질환이다. 관리를 위해 충분한 수분 섭취를 하고 콘텍트렌즈보다는 안경을 착용하며, 컴퓨터 모니터나 스마트폰 사용 중간마다 휴식을 위해야 한다. 자주 눈을 깜빡거리고 실내 환기, 온찜질 등을 통해 눈의 피로를 풀어주고 건조하지 않게 해주는 것이 좋다.
	치아 우식증	치아우식증이란 음식물을 섭취하고 난 뒤 남은 세균이 치아에 붙어 조금씩 충치를 만들어내는 현상이다. 치아의 법량질이 손상되어 미세한 흰 반점의 형태로 시작해 갈색 반점으로 변하며 점차 크기가 커지고 통증을 일으킨다. 통증이 느껴지기 시작하면 양치질 만으로는 회복이 불가능하므로 치과를 방문해 적절한 치료를 받아야 한다. 치아우식을 예방하기 위해서는 식사 후 3분 이내에 양치질을 하고 치아상태를 자주 확인하고 정기적인 구강검진을 받는 것이 좋다. 당분이 많은 식품이나 탄산음료의 섭취는 삼가야 한다.
	여드름	여드름은 성호르몬의 영향으로 피지 분비가 많아져 모공이 막힘으로써 생기는 피부 질환이다. 뾰루지나 블랙헤드의 형태로 얼굴, 가슴 등에 생긴다. 발생 요인은 유전, 기후, 수면 부족 등이 있으며, 여성의 경우 월경 시작 전에 잘 발생한다. 여드름은 흉터가 남지 안도록 치료하는 것이 중요하며, 함부로 짜면 세균에 감염될 수 있으므로 주의해야 한다.

활동3 질병 상황별 문제해결하기

상황 제목 :

이 학생이 걸린 질병 :

문제가 되는 증상 또는 몸에 나타날 수 있는 문제	문제가 되는 행동 및 원인	해결방법 및 예방법
문제라고 생각하는 증상을 찾아 밑줄을 그어 봅시다. (제시된 상황에 문제 증상이 없다면 일어날 수 있는 문제를 생각해 적어봅시다.)	증상의 원인이 될 수 있는 것을 모두 적어봅시다.	다양한 해결방법 및 예방법을 적어봅시다. (스스로 해결, 전문기관의 도움, 민간요법 등)

활동3 질병 상황

상황 1 콧물이 흐르고 자꾸 기침이 나와요

어제 점심시간에 친구들이랑 운동장에서 실컷 뛰어 놀았어요. 놀다 보니 더워서 점퍼를 벗고 놀았더니 땀이 나서 바람이 불 때는 좀 춥기도 했어요. 집에 와서는 너무 배고파서 손 씻는 걸 잊어버리고 과자를 집어 먹으면서 핸드폰을 가지고 놀았어요. 그런데 오늘 아침부터 자꾸 콧물이 나오고 목이 간질간질하고 기침이 나와요.

상황 2 변비가 너무 심해요

저는 밥보다 과자나 떡볶이 같은 간식이 너무 좋아요. 식사 시간에도 밥은 조금만 먹고 채소 종류는 별로 안 좋아해서 밥 먹을 때 채소가 들어있는 반찬보다는 고기나 햄 반찬 종류만 먹어요. 빵이나 씨리얼 같은 간식을 더 자주 먹고요. 그런데 요즘 대변을 일주일에 1번 밖에 못 보고, 화장실 가면 정말 오래 앉아있어야 하고 대변 볼 때 너무 아파서 화장실 가기가 싫어요. 평소에는 배도 자주 아파요.

상황 3 항상 눈이 빨갛게 충혈 되어 있어요

저는 어렸을 때부터 안경을 썼었는데 얼마 전 친구가 콘택트렌즈를 사용하는 걸 보고 저도 콘택트렌즈를 사용하기 시작했어요. 콘택트렌즈에 익숙해지니까 자꾸 빼는 걸 잊어버리기도 하고 바쁠 때는 손을 안 씻고 그냥 착용하기도 해요. 요즘 핸드폰이나 TV 화면을 오래 보고 있으면 눈이 뻑뻑하고 피로감이 느껴져요. 그리고 밤에는 항상 눈이 빨갛게 충혈 되어 있어요.

상황 4 양치질할 때 이가 아파요

저는 어렸을 때부터 아이스크림을 많이 좋아했어요. 사실 아이스크림, 초콜릿, 젤리같은 단 거라면 다 좋아해요. 그런데 얼마 전부터 찬 음식을 먹으면 이가 너무 아파서 아이스크림 같은 차가운 음식은 안 먹게 됐어요. 평소에도 양치질이 귀찮아서 잘 안 했는데 요즘에는 칫솔이 이를 건드리면 아파서 안 닦고 자거나 아주 빨리 잠깐만 닦아요. 이제는 다른 음식 먹을 때도 이가 아파서 잘 못 먹고 있어요.

상황 5 뾰루지가 나요

얼마 전부터 얼굴에 뾰루지 같은 것이 자꾸 나기 시작했어요. 처음에는 한 두 개가 생겼다가 없어졌는데 자꾸 생기니까 신경이 쓰여서 거울도 더 자주 보게 되고, 너무 신경 쓰여요. 가렵기도 하고, 빨리 없애고 싶어서 손으로 만지고 짜내니까 더 커지는 거 같아요. 이제는 창피해서 얼굴 가리려고 마스크 쓰고 나가요.

15차시 참고자료 — 강의 보충자료

상황	문제(증상)	문제의 원인	해결방법 및 예방법	참고
1. 감기	① 콧물 ② 기침 (추후) ① 두통 ② 근육통 ③ 발열 ④ 오한	① 땀이 난 채로 찬 기후에 노출 ② 밖에서 실내로 들어온 후 손 안 씻음	① 안정과 수면 ② 충분한 수분 섭취 ③ 자주 이 닦기 ④ 발열 시 해열제와 진통제 복용	감기는 시간이 지나면 완쾌되나 치료가 잘 되지 않았을 경우 합병증으로 폐렴, 중이염, 부비동염 등이 발병할 수 있음.
2. 변비	① 대변이 딱딱하고 배변 횟수가 적음 ② 왼쪽 하복부에 통증과 불편함 ③ 배변 활동에 대한 불편한 느낌	① 불규칙한 식습관 ② 자극성 있는 음식 섭취 ③ 안 좋은 배변습관 (화장실을 가기 싫어함)	① 섬유질이 많은 과일과 채소 섭취 ② 규칙적인 배변 시도 ③ 적당한 운동	
3. 안구 건조증	① 건조함 ② 충혈 ③ 피로감 ④ 이물감	① 콘텍트렌즈의 장시간 사용 ② 컴퓨터, TV, 핸드폰 등의 장시간 시청 ③ 더러운 손으로 콘텍트렌즈 교환(바이러스로 인한 눈물막 염증 가능성)	① 충분한 수분 섭취 ② 콘텍트렌즈보다 안경 착용 ③ 컴퓨터 모니터 혹은 핸드폰 작업 중 휴식(50분에 5분 휴식) ④ 온찜질 ⑤ 자주 눈을 깜빡임 ⑥ 실내 환기(하루 3회)	
4. 치아 우식증 (충치)	① 이 시림 ② 치아와 잇몸 통증	① 다량의 단 음식의 섭취 ② 이를 잘 닦지 않음 ③ 바르지 않은 칫솔질	① 바른 칫솔질 ② 설탕 성분이 든 음식 섭취 제한 ③ 채소와 과일 섭취를 통한 균형 잡힌 식습관 ④ 정기적인 구강검진	불소는 치아우식증 예방에 도움을 주므로 불소가 든 용약으로 입을 헹구는 것이 좋음.
5. 여드름 (피부염)	① 뾰루지 ② 블랙헤드(폐쇄성 면포) ③ 가려움 ④ 피부 각질	① 성호르몬의 영향으로 피지의 과다 분비 ② 손으로 만짐으로써 세균 감염 가능성 ③ 마스크로 인한 세균 감염	① 따뜻한 물과 비누로 깨끗이 세안 ② 머리카락 등이 얼굴이나 여드름 부위에 닿지 않도록 함 ③ 충분한 휴식과 과로를 피함	여드름의 발생 요인으로는 유전적인 요인, 기후, 수면부족, 임신으로 인한 호르몬 변화 등이 있음.

15차시 참고자료 직소퍼즐카드

- 콧물이 흐르고 자꾸 기침이 나와요

- 변비가 너무 심해요

- 항상 눈이 빨갛게 충혈되어 있어요

- 양치질 할 때 이가 아파요

- 얼굴에 뾰루지가 나요

PART 16 심폐소생술(CPR)

심폐소생술의 의미와 방법을 알고 실제 상황에서 적용할 수 있다.

1. 수업의 개관

사고나 질병으로 인한 응급상황은 우리 생활 중 언제 어디에서나 발생할 수 있다. 전문적인 치료를 받기 전까지 행해지는 응급처치는 한 사람의 생명이나 증상의 악화를 방지하는 중요한 의미를 지닌다. 평소 응급처치 교육을 받으면 응급상황이 생겼을 때 당황하지 않고 익혔던 처치법을 잘 적용할 수 있다. 이번 수업에서는 사람을 살릴 수 있는 심폐소생술의 방법을 학습하고 실습을 통해 심폐소생술을 연습해 본다.

2. 수업의 학습목표

① 심폐소생술의 의미와 중요성을 설명할 수 있다
② 심폐소생술의 정확한 순서를 설명하고 심장압박법을 실시할 수 있다.

3. 활동 내용 및 준비물

- 워크북: 활동 1 '심폐소생술 순서와 방법 알아보기'
- 워크북: 활동 2 '자동 심장충격기(AED)에 대해 알아보기'
- 심폐소생술 실습용 애니인형
- 요가매트
- 마우스쉴드

4. 주요 라이프스킬 개념

- 비판적 사고
- 문제해결스킬
- 의사결정스킬(소생술)

평균 수명의 연장으로 뇌졸중, 심장병 등 만성질환이 증가하면서 사람들은 언제 어디서든 심장과 호흡이

멎어 사망하거나 식물인간이 될 수 있다. 이 때 쓰러진 사람의 생명을 살리는 응급처치 방법 중 하나가 바로 심폐소생술이다. 심폐소생술의 의미와 중요성을 살펴보고 순서에 맞게 적절한 심폐소생술을 실행할 수 있다.

5. 교수-학습과정

수업명	16. 심폐소생술(CPR)		활동시간	40 분
학습주제	심폐소생술의 의미와 방법을 알고 실제 상황에서 적용하기			
학습목표	① 심폐소생술의 의미와 중요성을 설명할 수 있다. ② 심폐소생술의 정확한 순서를 설명하고 심장압박법을 실시할 수 있다.			
수업전략	주 활동:	활동 1. 심폐소생술 순서와 방법 알아보기 [개별활동] 활동 3. 심폐소생술 실습 [개별활동]		
	선택 활동:	활동 2. 자동 심장충격기(AED)에 대해 알아보기 [개별활동]		
	• 심폐소생술(CPR)의 개념과 순서를 학습하고 실습한다.			
교수·학습 활동 및 자료	활동지	워크북: 활동 1 '심폐소생술 순서와 방법 알아보기' 워크북: 활동 2 '자동 심장충격기(AED)에 대해 알아보기'	라이프스킬 주 개념	비판적 사고 문제해결스킬 의사결정스킬 (소생술)
	준비물	심폐소생술 실습용 애니인형 요가매트 마우스쉴드		

학습 단계 (시간)	주요 학습 활동	교수 · 학습활동 교사	교수 · 학습활동 학생	자료 및 유의점
도입 (5분)	동기 유발	**함께 생각해 보기: 심폐소생술의 중요성** • 초등학생이 심폐소생술로 쓰러진 할아버지를 구한 기사를 소개한 후, 우리의 일상생활 중 사람이 쓰러졌거나 의식이 없을 때 어떻게 해야 하는지 생각해 보는 시간을 갖는다. 응급상황은 말 그대로 사고나 질병으로 인한 갑작스러운 상황을 말합니다. 우리 생활 중에 주변사람이나 가족 등 언제 어디에서나 사람들이 쓰러지거나 의식이 없는 응급상황과 맞닥뜨릴 수 있습니다. 이 때 우리가 심폐소생술에 대한 기술을 익히고 있다면 사람의 생명을 구할 수도 있습니다.	**함께 생각해 보기: 심폐소생술의 중요성** • 응급상황에서 응급처치의 하나인 심폐소생술이 왜 중요한지에 대해 생각해 본다.	강의참고자료 (PPT)
	학습 목표 확인	**학습목표 제시** • 심폐소생술에 관한 학습목표를 설명한다. ① 심폐소생술의 의미와 중요성을 설명할 수 있다. ② 심폐소생술의 순서를 설명하고 심장압박법을 실시할 수 있다.	**학습목표 확인하기** • 학습내용을 확인한다.	
전개 (30분)	학습 활동 안내	**학습활동 안내** **활동 1. 심폐소생술 순서와 방법 알아보기** **활동 2. 자동 심장충격기(AED)에 대해 알아보기** **활동 3. 심폐소생술 실습**	**학습활동 인지**	
	시범	**활동 1. 심폐소생술 순서와 방법 알아보기** • 심폐소생술의 중요성과 처치 방법을 학습한다. 심정지란 심장이 갑자기 박동을 멈추는 현상입니다. 박동을 멈추게 되면 우리 몸 곳곳으로 가는 혈액의 공급이 중단됩니다. 이럴 경우 매우 위급한 상황이기 때문에 즉시 응급처치를 받아야 합니다. 2016년 한 해 동안 심정지로 인해 구급차로 이송된 환자는 2만 7601명에 이른다고 합니다. 초기에	**활동 1. 심폐소생술 순서와 방법 알아보기** • 심폐소생술을 익히는 것이 왜 중요한지 다시 한 번 생각해 본다.	강의참고자료 (PPT)

학습 단계 (시간)	주요 학습 활동	교수 · 학습활동		자료 및 유의점
		교사	학생	
		심폐소생술을 실시하면 환자의 의식이 돌아올 확률이 상당히 높아집니다. 심정지 초기에 심폐소생술의 중요성을 인지하고 실시해 심정지 환자를 살린 시민은 550명입니다. 지금부터 강의 화면을 함께 보면서 심폐소생술 순서와 방법을 알아보겠습니다.	• 강의참고자료(PPT)와 선생님의 설명을 들으며 심폐소생술의 순서와 방법을 학습한다.	
		• 심폐소생술 순서와 방법에 대해 설명한 후, 학생들이 워크북: 활동 1을 통해 전체 순서와 방법을 다시 한 번 점검하며 숙지할 수 있도록 한다.	• 워크북: 활동 1 '심폐소생술 순서와 방법 알아보기'에 심폐소생술 순서에 따라 그림 번호를 적고 방법의 빈칸에 알맞은 말을 적는다.	워크북
	개념 확인	**활동 2. 자동 심장충격기(AED)에 대해 알아보기** • 자동 심장충격기(AED)의 용도와 사용방법에 대해 설명한다.	**활동 2. 자동 심장충격기(AED)에 대해 알아보기** • 강의참고자료 (PPT)와 선생님의 설명을 들으며 자동 심장충격기(AED) 사용 순서와 방법을 학습한다.	강의참고자료 (PPT) 워크북 ※활동 2는 수업 시간을 고려하여 교사 재량에 따라 선택하여 수업할 수 있다. ※자동 심장충격기(AED)가 설치된 위치를 학생들과 직접 가서 확인하는 것이 권장되나, 수업 시간을 고려하여 교사가 미리 설치된 장소의 사진을 찍어 학생들에게 강의
		자동 심장충격기는 심실세동이나 심실빈맥으로 심정지가 되어 있는 환자에게 전기충격을 주어서 심장의 정상 리듬을 가져오게 해주는 도구로, 의학 지식이 부족한 일반인도 쉽게 사용할 수 있도록 만들어져 있습니다. 자동 심장충격기는 '전원 켜기 → 패드 부착 → 심장리듬 분석 → 전기 충격'의 순서로 사용합니다. 우리나라에서는 응급의료에 관한 법률에 의해 공공보건의료기관, 구급차, 공항, 다중이용시설(쇼핑몰 등)에 자동 심장충격기의 설치가 의무화되어 있습니다. 우리학교에도 자동 심장충격기가 설치되어 있습니다. 어디에 설치되어 있는지 함께 확인해 볼까요?		
		• 학생들과 함께 학교에 설치된 자동 심장충격기(AED)의 위치를 확인하고, 워크북: 활동 2에 적도록 한다.	• 워크북: 활동 2에 우리학교에 설치된 자동 심장충격기(AED)의 위치를 확인하고 적는다.	

학습 단계 (시간)	주요 학습 활동	교수 · 학습활동		자료 및 유의점
		교사	학생	
	실습	**활동 3. 심폐소생술 실습** • 심폐소생술 시범을 보인 후, 학생들이 모형 인형을 이용해 응급 처치 방법을 연습해 보도록 한다. 지금부터 심폐소생술 시범을 보이겠습니다. 심폐소생술 순서는 '의식확인 → 도움요청 → 흉부압박 → 기도확보 → 인공호흡'의 순서로 진행됩니다. 119 구급대나 자동 심장충격기가 도착할 때까지 흉부압박과 인공호흡을 30:2 비율로 반복합니다. 그러나 일반인이 하는 심폐소생술은 인공호흡을 하지 않아도 되기 때문에 이번 실습에서는 흉부압박과 자동 심장충격기 사용법만 배우도록 하겠습니다. • 학생들이 정확한 방법으로 실습하는지 주의 깊게 살펴보고 모두가 실습해 볼 수 있도록 충분한 시간을 준다.	**활동 3. 심폐소생술 실습** • 선생님의 심폐소생술 시범을 잘 보고, 모형 인형을 이용하여 연습한다.	자료로 제시할 수도 있다. 심폐소생술 실습용 모형 애니 인형, 요가매트, 마우스쉴드 ※일반인 심폐소생술은 인공호흡을 하지 않아도 되기 때문에 학생 실습시 자동 심장충격기(AED) 사용법을 시범보인 후, <u>흉부압박까지만 실습</u>하고 인공호흡은 실습하지 않는다.
정리 (5분)	학습 정리 및 차시 예고	**학습 내용 정리 및 평가** • 응급 의료에 관한 법률 제5조의 2(착한 사마리아인법)에 대해 설명하고, 이를 통해 다른 사람의 생명을 구하고 돕는 행위의 목적과 의미를 다시 한 번 생각해 보도록 지도한다. 착한 사마리아인법은 일반 시민의 인명 구조 활동을 법률적으로 보호하기 위해 2008년 6월에 만들어졌습니다. 이 법은 응급환자에 대한 일반인의 응급처치로 인해 발생하는 민사/형사 책임을 줄여주거나 면제할 목적으로 만들어진 제도적 장치입니다. 이 법이 만들어짐으로써 구조 업무가 활성화되고 국민의 생명과 건강을 보호할 수 있게 되었습니다. • 다른 사람의 생명을 구하는 일의 의미와 생명의 소중함에 대해 생각해 보면서 워크북 활동지 정리 '스스로 평가해 보기'를 작성하도록 안내한다.	**학습 내용 정리 및 평가** • 응급 의료에 관한 법률 제5조의 2(착한 사마리아인법)을 통해 다른 사람의 돕는 행위의 목적과 의미를 다시 한 번 되새긴다. • 워크북 활동지 정리 '스스로 평가해 보기'를 작성하면서 오늘 수업 내	강의참고자료 (ppt) ※착한사마리아인법 '응급 의료에 관한 법률 제5조의 2'에 대해 안내한다. 워크북

학습 단계 (시간)	주요 학습 활동	교수 · 학습활동		자료 및 유의점
		교사	학생	
			용을 되돌아보고 학습 한 내용을 정리한다.	
		• 모든 수업이 끝났음을 알려주고, 각자의 생활에서 라이프스킬을 적용하여 건강하고 행복한 생활을 하도록 당부한다. 이번 시간으로 '라이프스킬로 배우는 건강 톡톡' 수업이 모두 끝났습니다. 그 동안 배운 건강 지식과 라이프스킬을 여러분의 생활에 잘 적용하여 건강하게 성장하길 바랍니다.		

6. 가정 및 지역사회와 연계한 활동

- 가정에 수업 활동과 관련한 학급통신문을 전달한다.
- 응급 의료에 관한 법률 제5조의 2(착한 사마리아인법)과 관련한 수업 내용을 바탕으로 가정에서도 응급상황에서 다른 사람에게 도움을 주는 행위를 어떻게 실천할 수 있을지 부모님과 이야기해 보는 시간을 갖도록 요청한다.

7. 평가계획

평가	질문내용	응답		
자기 평가	빠르고 정확한 심폐소생술 처치가 중요한 이유를 설명할 수 있나요?	우수	보통	노력
	심폐소생술 순서에 따라 시범을 보일 수 있나요?	우수	보통	노력
	자동 심장충격기(AED) 사용방법을 설명할 수 있나요?	우수	보통	노력
상호 평가	우리 반 친구들은 심폐소생술 실습에 적극적으로 참여했나요?	우수	보통	노력
종합 평가	잘한 점		보완할 점	
수업 소감	오늘 수업에서 느낀 점은 무엇인가요?			

활동1 심폐소생술 순서와 방법 알아보기 (교사용 자료)

1. 아래 심폐소생술 그림을 보고 순서에 해당하는 그림의 번호를 적어보세요.
2. 심폐소생술 방법을 설명한 말 중 □에 들어갈 알맞은 말을 적어보세요.

순서		심폐소생술 방법
<u>의식</u> 확인	(4)번	환자의 양쪽 <u>어깨</u>를 두드리며 의식을 확인합니다. "여보세요, 정신 차리세요"
<u>도움</u> 요청	(2)번	큰 소리로 "도와주세요"하고 외칩니다. 주변 사람 중 한 명을 지목해서 "<u>119</u>에 신고해 주세요"하고 부탁합니다. 다른 사람 한 명을 지목해서 "<u>자동 심장충격기</u>를 가져다 주세요"하고 부탁합니다.
흉부 압박 (<u>30</u> 회)	(3)번	<u>흉골(복장뼈)</u> 1/2 <u>아래</u>에 양 손을 깍지 낀 상태로 얹어 놓습니다.
		팔꿈치를 펴고 어깨는 가슴 바로 위에 오도록 수직 자세를 유지합니다.
		압박의 깊이는 <u>5</u> cm정도로 합니다.
		흉부 압박은 1분에 <u>100</u> ~ <u>120</u>회 정도의 속도로 빠르게 합니다.
<u>기도</u> 확보	(5)번	평평한 바닥에 눕힌 환자의 이마는 위로 젖히고 턱을 들어 올립니다.
인공 <u>호흡</u> (<u>2</u> 회)	(1)번	손으로 코를 막고 입을 완전히 덮은 후 호흡을 불어넣습니다. <u>가슴</u>이 올라오는지 보면서 한 번 더 반복 합니다.

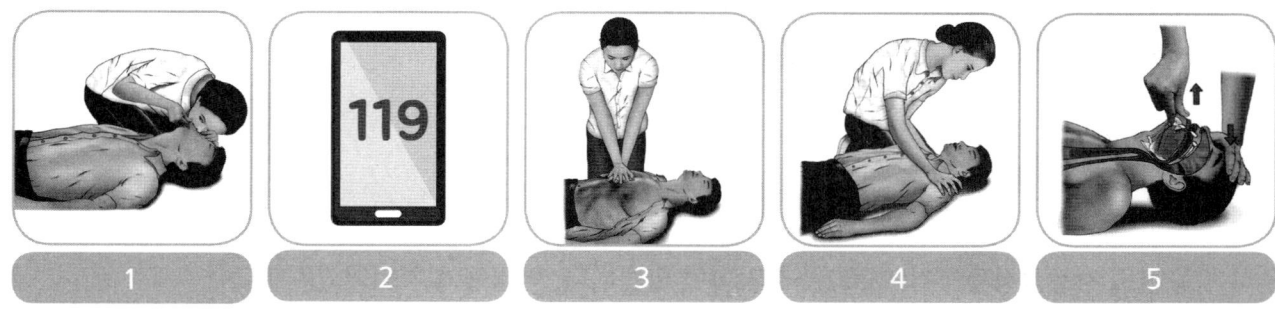

출처 : 대한심폐소생협회. 심폐소생술 가이드라인.

평소에 베개 등을 두고 자주 연습을 해서 몸에 익히도록 합니다. 그러나 의식이 있는 정상적인 사람이나 친구들을 대상으로 연습을 해서는 안 됩니다. 가슴압박으로 인한 심각한 합병증이 발생할 수 있습니다.

활동2 자동심장충격기(AED)에 대해 알아보기

자동심장충격기(AED)는 심실세동이나 심실빈맥으로 심정지가 되어 있는 환자에게 전기 충격을 주어서 심장의 정상 리듬을 가져 오게 해주는 도구로 '자동제세동기'라고도 합니다.

자동심장충격기
(Automated External Defibrillator)

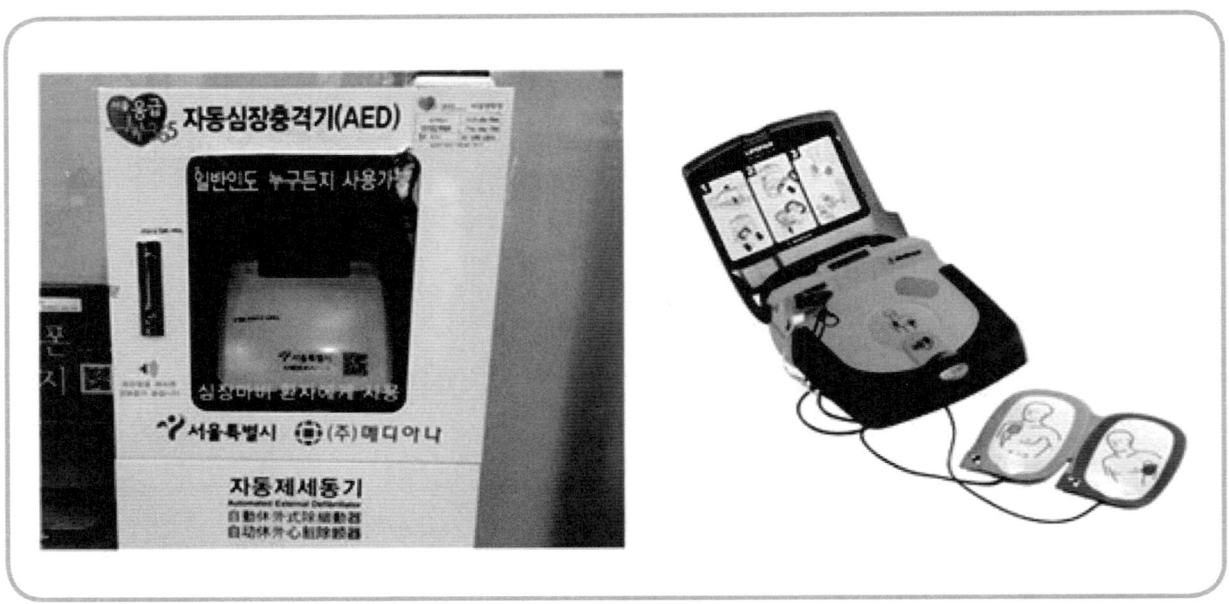

우리 학교에도 자동심장충격기(AED)가 설치되어 있습니다. 어디에 설치되어 있나요?

정리) 응급 의료에 관한 법률 제5조의 2

응급 의료에 관한 법률 제5조의2 착한 사마리아인법

응급 의료에 관한 법률 제5조의 2(착한 사마리아인법)은 성서에 나오는 착한 사마리아인의 비유에서 유래 되었습니다. 어떤 유태인이 예루살렘에서 여리고로 가다가 강도를 만나 상처를 입고 길가에 버려졌는데, 동족인 유태인 제사장과 레위인은 못 본 척 지나가 버렸습니다. 그런데 유태인에게 멸시 받던 사마리아인이 그를 보고 측은한 마음에서 구조해 주었습니다. 사회적으로 멸시받고 소외받던 사람이, 사회적으로 혜택을 받고 책임을 부과 받은 사람도 하지 못한 일들을 한 것입니다.

이 일화에 나오는 사람들에게는 법적인 의무가 없습니다. 하지만 도덕적 차원에서 인간이 당연히 해야 할 일을 하여야 한다는 의미를 내포하고 있습니다.

응급 의료에 관한 법률 제5조의 2(착한 사마리아인법)은 일반 시민의 인명 구조 활동을 법률적으로 보호하기 위해 2008년 6월에 만들어졌습니다. 이 법은 응급환자에 대한 일반인의 응급처치로 인해 발생하는 민사/형사 책임을 줄여주거나 면제할 목적으로 만들어진 제도적 장치입니다. 이 법이 만들어짐으로써 구조 업무가 활성화되고 국민의 생명과 건강을 보호할 수 있게 되었습니다.

참고문헌

- 교육부 (2019). 2019 학생 건강관리 기본방향. 세종: 교육부.
- 교육과학기술부 (2012). 게임·인터넷·스마트폰 올바른 사용을 위한 생활지도 매뉴얼 (초등용). 서울: 교육과학기술부.
- 이규영 (2016). 중학교 라이프스킬로 배우는 성 톡톡 (교사용 지도서). 서울: 중앙대학교 출판부.
- 이규영 (2018). 초등학교 라이프스킬로 배우는 성 톡톡 (교사용 지도서). 서울: 중앙대학교 출판부.
- 최지은, 박연재, 김현경 (2017). 청소년기부터 성인기 전이 시기 남녀의 건강위험행동 발달궤적과 영향요인. 한국심리학회지 발달, 30(4), 137-160.
- Bandura, A. (1977). Social learning theory. Englewood Cliffs: Prentice-Hall.
- Centers for Disease Control and Prevention (2017). Overview of the youth risk behavior surveillance system. Retrieved on May 20, 2019 at http://www.cdc.gov/HealthyYouth/yrbs/overview.htm.
- DuRant, R. H. et al. (1999). The Relationship Between Early Age of Onset of Initial Substance Use and Engaging in Multiple Health Risk Behaviors Among Young Adolescents. Archives of Pediatrics and Adolescent Medicine, 153(3), 286-291.
- Ha, Y., Lee, S., & Choi, H. (2017). The Relationships between Sexual Intercourse and Health Risk Behaviors in Korean and US Adolescents. 지역사회간호학회지, 28(2), 173-181.
- Jessor, R., Jessor, S. L. (1977). Problem behavior and psychological development: Longitudinal study of youth. New York Academic Press.
- Kulbok, P. A., & Cox, C. L. (2002). Dimensions of Adolescent Health Behavior. Journal of Adolescent Health, 31(5), 394-400.
- Rosenberg, M. (1965). Society and the adolescent self-image. Princeton, NJ: Princeton University Press. [한국어 버전] 전병재 (1974). 자아개념 측정가능성에 관한 연구. 연세대학교대학원 학회지, 11(1), 107-130.

저자 약력

이규영(李圭英)　현, 중앙대학교적십자간호대학 교수

주요저서

- 초등학교 라이프스킬로 배우는 성톡톡 교사용 지도서 (2019). 중앙대학교 출판부
- 초등학교 라이프스킬로 배우는 성톡톡 학생용 워크북 (2019). 중앙대학교 출판부
- 중학교 라이프스킬로 배우는 성 톡톡 교사용 지도서(2017). 중앙대학교 출판부
- 중학교 라이 프스킬로 배우는 성 톡톡 학생용 워크북(2017). 중앙대학교 출판부
- 보건교육(2019). 한국방송통신대학교 출판부
- 지역사회간호학 (2018). 서울 : 수문사

주요연구

- Effects of a life skills-based sexuality education program on Korean early adolescents. 2019. 12. SOCIAL BEHAVIOR AND PERSONALITY (SSCI)
- Effects of a life skills-based sexuality education programme on the life-skills, sexuality knowledge, self-management skills for sexual health, and programme satisfaction of adolescents. 2019. 09. SEX EDUCATION-SEXUALITY SOCIETY AND LEARNING.
- Association between sexual behavior and suicidal ideation among south korean middle school students. 2019. 07. JAPAN JOURNAL OF NURSING SCIENCE (SSCI)
- 학교 성교육이 초등학교 고학년 학생의 성지식·성태도·라이프스킬에 미치는 효과: 성별 차이를 중심으로. 2019. 10. 학습자중심교과교육 연구(KCI)
- 초중고 보건교사들의 메르스발생 시 대응, 2018.3, Journal of Korean Academy of Community Health Nursing (SCOPUS)
- 십대 여자청소년 대상 라이프스킬(Life-skills)성교육 프로그램 효과. 2018.12. 학습자중심교과교육 연구(KCI)
- Differences in Factors Associated with Depressive Symptoms between Urban and Rural Female Adolescents in Korea. 2018. J Korean Acad Nurs (SSCI)
- Behavioral and psychosocial factors associated with suicidal ideation among adolescents.2018.3 Nursing and Health Science(SSCI). 2018. 03. J Korean Acad Nurs (SSCI)
- 자유학기제 주제선택활동 '라이프스킬로 배우는 성 톡톡' 교사직무연수에 대한 교사 인식과 만족도 (2018.12). 교육문화연구 (KCI)
- Analysis of Korean adolescents's sexual experience and substance use, 2017.06, Social Behavior and Personality (SSCI).
- 중고등학교 다문화청소년들의 폭력피해경험에 영향을 미치는 요인, 2017.12, 교육문화연구 (KCI)
- 한국 남녀청소년 성 행태와 성경험, 2016.12, 한국산학기술학회지 (KCI)
- 수도권지역 간호대학생들의 셀프리더십 수준, 2016.12, 교육문화연구 (KCI)
- 수도권지역 남녀청소년들의 정서행동특성에 영향을 미치는 요인, 2016.06, 정서·행동장애아교육학회 (KCI)
- Effects of an obesity management mentoring program for Korean children, 2016.03, Applied Nursing Research, 31, 2016(SSCI)
- 미디어리터러시, 자아존중감이 고등학생의 성 개방성에 미치는 영향, 2016.02, 한국콘텐츠학회지(KCI)
- Association of school, family, and mental health characteristics with suicidal ideation among Korean adolescents, 2015. 08, Research in Nursing & Health, 38(4):301-10. 2015(SSCI)
- Factors affecting underweight and obesity among elementary school children in South Korea, 2015. Asian Nursing Research,9, 2015(SSCI)

- Sexual behaviors and association factors among Korean junior high school, 2015. Japanese Journal of Public Health(SCOPUS)
- 초, 중, 고등학생의 성지식에 영향을 미치는 요인, 2015. 08, 한국간호교육학회지(KCI)
- Teacher's choosing motivation, teaching efficacy, philosophy, and teacher-student relationships in primary & secondary health teachers, 2015. 11, Journal of The Korean Data Analysis Society(KCI)
- 청소년들의 학교 보건교육 수혜 현황 및 건강위험행동과의 관련성, 2015. 06, 한국보건간호학회지(KCI)
- 여자중학생들의 학교성교육경험, 성지식 및 성교육요구도, 2015. 03, 학습자중심교과교육연구(KCI)

외부연구

- 2017-2020년 2월. 청소년을 위한 라이프스킬 기반 성 건강 프로그램 효과성 제고 및 심화발전 (한국연구재단 중견연구자 사업)
- 2014-2017년. 청소년을 위한 라이프스킬 기반 성 건강 프로그램 개발 사업 (한국연구재단 중견연구자 사업)
- 2015년 경기도 보건교사 직무연수 용역사업 (경기도 교육청)
- 2014년 다빈치여행 대학연계사업 (인천광역시 교육청)
- 2013년 고등학교 보건 교과 인정도서 감수 (장안대학교)
- 2009년 학교보건교육 발전을 위한 지원방안연구 (교육과학기술부)
- 2009년 중고등학교 보건과목 해설서 개발 (교육과학기술부)
- 2016-2019년, 자유학기제 주제선택 교사직무 연수 실시 (서울시교육청)
- 2017년, 경기도 보건교사 1급 자격 연수 (경기도 교육청)
- 2016년, 전국 보건교사 리더양성 교육 실시 (중앙대학교)